아름다운 인연

아름다운 인연

최성자 산문과 시

개미

『아름다운 인연』을 출간하며

이 결고운 문장은 버거운 생활 속에서 하루하루 일기로 적어 놓은 나의 삶이요, 인생관이요, 하소연이요, 감사의 일기입니다.

오직 그리스도 신앙 안에서 배움과 도전과 그리고 가족뿐이 었습니다. 그리고 먼저 살아계신 여호와 나의 하나님께 모든 영광과 경배를 드립니다.

또한 예쁘고 아름다운 책이 꾸며지도록 양질의 장정을 제공 한 서울 마포 도서출판 개미의 최대순 시인님과 대한민국 문화체육관광부 국립국어원 소속 문장감수를 맡아오며 중부대학교 교양학부에서 문학이론을 지도하시는 문학박사 김우영 교수님에게 이 영광을 드립니다.

  이 책은 어머님과 3학년에서 배움의 길을 멈출 뻔했을 때 다시 배움의 기회를 주신 충남 서천 서면초등학교 심순구 교장 선생님께 겸손하게 바칩니다.

2025. 9.
초가을 부천 복사꽃 마을에서
최성자

차례

제2부

살며 생각하며

제3부

마음이 겸손하면 영예를 얻으리라

제4부
꽃잎이 휘날리는 봄날

제5부

시와 노래

제1부

행복한 동행

가장 중요한 행복이란
사랑하고 그 사랑을
고백하는 것이다

슬피 우는 비둘기

지난 19세기 프랑스의 소설가이자 비평가 '앙드레지드'는 사랑에 대하여 이렇게 말했다.

"가장 중요한 행복이란 사랑하고 그 사랑을 고백하는 것이다!"

베란다 에어컨 실외기 위에 앉아 있는 비둘기 한 쌍. 마치 사랑을 고백하며 행복을 구가하며 구슬프게 울고 있다. 사촌 여동생이 췌장암에 걸려서 우는데 너희들은 어디가 아파서 우는 거냐? 내가 너희들의 사정을 모르니 너희들도 내 사정을 알 수 없어 답답하구나. 좋은 환경을 찾아 날아가면 그만인 것을 왜 하필이면 내 집 베란다에 둥지를 틀려 하느냐? 너희들도 내가

그리 좋더냐? 화분이 놓여진 좁은 틈바구니 사이에 둥지를 만
들기가 힘이 들어 우는 거냐?

"구구우우— 구구우우—!"

"구구우우— 구구우우—!"

하기야 나도 너희도 울고 싶을 때도 있지. 그런데 둥지 틀 자리가 너무 좁으면 울지만 말고 떠나면 되잖아. 나는 동생이 다 나을 때 멈출거야. 실컷 울고 울어라. 너희도 울고 나도 울고. 우리는 어쩌다 울고 있는지! 그래도 같이 울어대니 친구가 있어 위로가 되는구나. 우리는 울기 위해서 태어났나 보다. 사랑한다.

희랍신화의 3인의 女神이 있는데 하나는 우리 각자의 생명의 줄을 짜고, 둘째는 우리 각자의 생명의 길이를 작정하며, 셋째는 가위로 우리 각자의 생명의 줄을 자른다고 했다.

"오, 슬픈이의 언어는 눈물이라고 했던가!"

고맙다 나뭇가지야

정성껏 담은 동치미를 배낭에 담아 등짐을 지고 오늘도 동생이 있는 병원을 향해 집을 나섰다. 50m도 못 가서 꼬리뼈가 돌려 빠지는 듯 발을 한 발도 뗄 수가 없다. 그렇다고 안 갈 수도 없고 가자니 너무 힘들다.

3월 중순인데도 영하 15도가 넘는 강추위는 바람까지 동반하여 몸으로 느끼는 추위는 한겨울 같다. 가다 쉬고 가다 쉬며 산 아래까지 도착하여 한참 동안 산을 올려다보았다.

'가은병원'은 성주초등학교 뒷산 맨 꼭대기에 있다. 마음을 굳게 먹고 썩은 나무로 얼기설기 만들어놓은 계단을 오르노라

면 좌측에는 낭떠러지요 우측에는 산이다. 산언덕에 말라있는 개나리 대궁을 움켜잡고 한 발, 두 발 천천히 한 발을 올려놓고 서서 다음 발을 옮겨 모아 큰숨 한 번 몰아쉬고 그렇게 꼭대기 까지, 계단은 넓기도 하고 좁기도 한 25계단을 오른다. 그때 모르는 사람, 내려가는 사람들을 만나면 산쪽 한켠에 서서 개 나리 넝쿨 휘어잡고 자연에 몸을 맡긴 채 서서 그들이 가도록 비켜준다.

어렵게 정상에 오르면 휴~하고 숨을 몰아쉰다. 그날 병원문 을 열고 들어가니 그곳에서 종사하는 아저씨가, 신을 벗고 슬 리퍼로 갈아신으려고 할 때 앉으시더니 운동화를 벗겨주시며 말했다.

"다음부터는 그냥 운동화 신고 가세요. 거동이 힘드시고 허리 굽히기가 몹시 힘드시니 그렇게 하세요."

"예 고맙습니다."

동생 병실로 들어가니 동생이 말한다.

"언니가 더 환자인데 이렇게 고생한다?"

반가이 맞이한다.

"아무리 아파도 너에게 비하겠니? 먹고 싶은 것 다 말해라. 내가 너만 완쾌된다면 다해 다 줄게. 내 걱정 말고 잘 먹고 어서 일어나서 집으로 가야지. 끝까지 잘 버텨라. 절대 포기하지 마."

"응!"

"언니 내일 또 오마."

"응!"

병원을 나와 산꼭대기 계단 앞에 서서 마음을 가다듬고 숨 한 번 크게 내쉬고 한 걸음씩 조심조심 내려가고 있었다. 올라가는 사람을 피하여 계단 중턱쯤에서 개나리 울타리를 부여잡고 산쪽으로 서 있을 때 눈에 띄는 것이 있었다. 누군가가 잘라

놓은 나뭇가지 여섯 개가 한 곳에 있었다.

　왼손으로 개나리 대를 움켜쥐고 오른손을 뻗어 그중에 곧고 긴 가지를 잡아끌어 냈다. 아슬아슬하였다. 그곳에서 굴러떨어지면 병원에 가야 한다. 다행이 조심조심 잘 가지고 아래까지 내려왔다. 날씨는 추워도 온몸은 땀으로 흠뻑 젖어 있다.

　한참을 허리 펴고 방금 주은 나뭇가지를 들고 걷기 시작했다. 아니 한 번 땅에 짚어볼까. 그렇게 지팡이처럼 짚어 가며 오다보니 한 번도 쉬지 않고 집에까지 도착했다. 그때야 알았다.

　'골반도 허리도 아픈 곳이 없이 나뭇가지 짚고 온 것이 이런 효과였을까?'

　신기하고 놀라웠다. 의자에 앉아 나뭇가지를 안고 울었다.

　"고맙다 나뭇가지야. 너희들은 살아있을 때는 자연을 푸르게 만들고 그늘이 되고 잎과 열매 내어 모든 생명들에게 주고, 그 사람들이 가지를 잘라 말라 죽게 하니 땔감으로 쓰고 건축자재로 쓰게 하고 꼭 필요한 지팡이가 되어주었구나. 너를 보니 부끄럽구나. 사람들은 얼마든지 필요한 곳에 쓰일 수 있는데도 상대가 무엇이든 이익이 없으면 도와주지 않고 모든 것을 계산 속에서 하는 것이 사람이란다. 너처럼 나를 원하는 동생에게, 너희들처럼 아낌없이 다 줄 수 있는 언니가 되어 동생이 투병 생활을 이기고 건강을 되찾도록 아낌없이 사랑으로 봉사할게. 고맙다. 지팡이 너를 사랑한다."

하찮게 관심없이 지나칠 수 있는 사물에게서도 사람들은 배울 수 있는 것을 깨달았다. 자연이나 모든 생활과 사람들 속에서도 겉만 보고 쉽게 판단하는 것은 큰 보화를 발견해도 알지 못하여 버리는 어리석음을 깨달았다.

저출산 위기

평생 한길을 걸어왔다. 다름 아닌 유치원과 어린이집을 운영, 교육을 병행하며 원장으로 지금까지 살아오면서 나름대로 저출산 위기가 올 것이라는 느낌은 이미 10여 년 전부터 생각한 일이었다.

정부에서 어린이들이 감소하면 학교에 학생 수가 줄어드는 것에 대한 대책이라고 내놓은 것이 고작 유보통합을 말하는 것에 다른 근본적인 대책이 없었다. 빈 교실이 남아돈다 하여 학교에다 보육시설로 쓰겠다는 생각은 위험한 계산이다. 차라리 병설유치원을 많이 신설한다면 맞는 말이다. 보육 즉 어린이집은 안될 것은 없으나 말 그대로 보육이다. 환경이 유치원과 다르다는 것이다.

　0세부터 4세까지는 시설 자체가 다른 것이다. 넓은 운동장 공간이 필요치 않고 아늑하고 애기들에 맞는 가정적인 환경에서 말 그대로 보육하는 곳이다. 엄마같이 조심스레 먹이고 씻기고 재우며 애기가 왜 칭얼거리는지 알아서, 배고픈지 기저귀 갈아줄 때가 되어 그러는지 빨리 알고 해결해 주는 분이 선생님이기 전에 보모이다. 어머니 역할하는 선생님이다.

　그런데 학교시설에 유보통합하여 유치원과 어린이집이 함께 학교시설에서 같이 사용한다는 것은 저속한 말로 장사의 수단만 생각한 것이다. 근본적인 문제를 서둘렀다면 지금 이 시점에 와서야 저출산 문제가 크게 걱정거리로 두각되지 않았을 것이다.

　눈앞에 보이는 것만 생각하지 말고 원인을 미리 예방하는 것이 이러한 일을 막는 것이 될 것이다. 10년, 100년을 내다보는 먼 안목이 필요하다. 그래서 교육은 백년지대계라고 한다.

남녀 청년들이 사랑을 하면서도 가정은 왜? 안 가질까? 그런 현실을 알아야 한다. 문제가 무엇일까? 한마디로 말한다면 경제 문제가 그 일 번이다. 돈이 있어야 결혼도 하고 돈이 있어야 거처도 마련하고 돈이 문제라면 '직장' 일 할 수 있는 일자리가 든든하게 있다면 왜 결혼을 안 하겠는가!

 그러한 여건이 마땅이 없거나 시기를 놓치고 말았거나 한 경우라고 생각한다. 그러면 무턱대고 아이 낳으면 1억을 준다 라는 말보다 주택 문제, (직장)일자리 문제, 결혼 문제만 해결된다면 아이 낳아라 하지 않아도 어린이 문제는 자동으로 해결된다고 생각한다. 지금이라도 늦었다고 생각될 때가 기회라는 것을 모르는 사람은 없을 것이다.

 전국 243개 지자체가 발 빠르게 나서서 예산을 확보하고 실천한다면 청년들이 돌아오고 살기 좋은 곳, 웃음이 넘치는 곳, 아이들이 행복하게 자라는 곳이 된다고 확신한다.

예시)

 · 주택 공급(무주택)

- 합동으로 결혼식(40세 미만)
- 일자리 창출(공금)(기술적 교육)
- 출산할 때마다 장려금 확보
- 고교까지는 무상교육

이것은 해도 되고 안 해도 되는 것이 아니라, 저출산 문제를 해결하려면 반듯이 있어야 한다고 나는 말하고 싶다. 지금 저출산 문제가 가장 시급하다. 앞으로 정치나 사회 문제가 빠르게 대책을 세워야 할 것이다. 돈은 이렇게 쓸 것이다 하면서 국민의 세금으로 인심만 쓰지 말고 지자체에서도 먼저 시도한다면 성공적으로 지역에 발전을 가져올 것이다.

그릇된 지도자는 내일 선거를 의식하지만, 위대한 지도자는 먼 미래를 준비한다는데 저출산 대안의 백년지대계를 준비하는 지도자는 정녕 없을까……?

노인 문제

노인 문제와 저출산 문제가 가장 큰 문제인 것처럼 빨리 해결하지 않으면 이 또한 감당하기 힘들 때가 올 것이다. 일본은 지금 노인들 문제가 범죄를 낳는 지경이 되었다고 한다. 차라리 감옥에 가서 사는 것이 행복이라고 한다. 밥 주고, 잠자리 주고, 미용, 목욕 등 도움이들이 모두 해주는데 걱정이 없다. 출소하고 다시 재범하여 교도소로 들어가는데 부끄럼커녕 당당하게 여기며 들어가는 모습을 뉴스를 보며 나는 눈물이 났다.

100세 시대라고 좋아할 것이 아니라 어떻게 노후를 준비하여야 짧은 노후를 행복하게 보낼 수 있을까. 초라해진 모습으

로 살아간다면 100세가 무슨 의미가 있단 말인가? 병원에서 암 투병하는 동생을 보니 애처롭기 그지 없었다. 좀 더 살아보려고 그 아픔의 고통을 참으면서 홀로 견디며 병상에 누워 외로이 하루하루를 기약 없는 세월에 야위어 가는 초라한 모습이 모든 노인들을 대변하고 있는 듯하다.

노령화 시대라고 하던 날이 얼마 되지 않았는데 이제는 고령화라는 단어로 바뀌었다. 하루하루 말없이 세월은 가는데 누군들 늙지 않는다는 보장은 없다. 그래서 노인 문제가 걱정이 된다면 말만 하며 걱정하는 척하지 말고 노인들에게 마음부터 이해하고 알아야 한다. 무엇을 원하는지 노후에 무엇을 필요로

하는지 안다면 성공적인 정책이 될 것이다.

노인들의 세계는 단순하다. 많은 것을 요구하는 것이 아니다.

· 외로움이 크다. (관심)
· 인정받기 원한다. (일거리)
· 말벗이 필요하다. (대화)
· 누군가와 함께 있기를 원한다. (공통체)
· 필요한 영양있는 세 끼가 있어야 한다. (식단)

간단하게 몇 가지 나열했지만 이러한 문제를 해결하는 방법은 간단하다. 전국 243개 지역 단체장들은 제1순위로 어르신들이 한 공동체 안에서 생활할 수 있는 건물이 필요하겠다. 의식주 문제 해결하고 체계있는 프로그램으로 활동을 돕고, 소외당함 없는 공동체 안에서 이야기하면 들어주고 대화하고 노래도 하고 춤도 추며 사시는 날까지 눈치보지 않고 사신다면 젊은 청춘을 불사르며 가족과 자식을 위해 바쳐온 것을 후회없이 보답이라 생각한다. 또한 행복하게 노후를 보상받으며 그래도 내가 나라가 성장하는데 조금이라도 일조했구나 생각하며 떠나실 때 행복한 미소로 가실 수 있도록 하는 것이 도리라고 생각한다.

이제는 부모님께 받은 만극한 사랑을 보답하는 길이라 생각한다. 다시는 고령화 노인들의 문제라고 하기 전에 먼저 아름다운 후손들의 효를 돌려 드린다면 예산을 드려 실천하고 어떤 나라가 노인들이 교도소가 편하다고 망신스러운 일이 일어나지 않토록 우리나라가 세계 속에 다시 동방의 효와 예의 나라로 노인들이 살아가는 최고의 나라로 와서 살고 싶은 나라가 된다면 다시 우러러 보는 대한민국이 될 것이다.

세계가 바라보는 노인복지 정책이 잘된 나라. 살기좋은 나라. 노인들이 행복한 나라. 가족의 분쟁을 최소화시킨 행복의 전당이 바로 실버타운이 될 것이다. 함께 부모님을 위해 노력한다면 쪽방에서 적어도 고독사는 없을 것이다.

문득, 독일의 민요가 생각이 난다.

나는 살고 있다
그러나 나의
목숨의 길이는 모른다

얼마나 오래 살았느냐?
중요한 것이 아니라
어떻게 살았느냐가 중요하고

몇 살인가가 중요한 게 아니라
얼마 만큼 나이 값을 하며

올바르게 살고 곱게
늙어 가고 있느냐가
중요하지 않을까?

하늘이 준 특별한 선물

2024년 9월 2일 오전 8시 5분.

　내 아들이 좀 더 넓은 세상에 나가 살아보겠다며 어린 두 아들의 손을 잡고 호주로 떠난 지 어언 20년이 넘었다. 남편은 이북에서 월남하여 오직 아들만 바라보고 있다가 아들 가족이 호주로 이민을 결정지었다고 하자 눈물을 흘리며 보고프면 어떻게 하냐면서 시름시름 자리에 눕고 말았고 아들 식구들이 떠나기 전 세상을 떠나고 말았다. 그 아이들은 사막 같은 땅에서 인맥도 없는 타국에서 수많은 좌절과 외로움에 싸우면서 영주권과 시민권을 받게되었고 두 아들도 잘 성장하여 이제는 그 나라 국민의 일환으로 자리를 잡았다.

2023년 10월 30일. 큰손자는 할머니가 계신 대한민국 서울에서 결혼식을 올리기 위해 친구들과 같이 왔고 홍대 옆 호텔을 숙소로 얻어 친구들은 그곳에 짐을 풀었다. 며칠 동안 모두 도착했다. 손자는 대한민국 맛집들과 명소를 찾아 오늘은 창원에서 내일은 동해에서 바쁜 일정을 소화하면서 결혼준비도 틈틈이 예물과 식장과 식당 등등 모두 예약하였다.

또한 친구들과 틈틈이 연락하며 빠듯한 일정을 소화하며 코피를 쏟으면서도 그 와중에 이덕화 등이 도시의 어부하는 곳에 가서 가입하는 등 4개월 동안 꽉 찬 모든 일정을 잘 소화하고 결혼식 역시 2023년 2월 18일 오전 11시 라온제나분당 8층 플로렌스 단독홀에서 성황리에 멋진 예식을 마쳤다.

다음날 부랴부랴 도시의 어부 이덕화가 운영하는 카페에 가니 새신랑 새색시를 위한 미니 콘서트도 해주었다. 회사에서 결혼 휴가 4개월 내주었지만 이제는 더욱 바빠졌다. 같이 온 친구들을 먼저 보내야 하고 남은 시간에 쇼핑몰에서 살 것도 많았다. 우리집은 매일 현관문 앞에 택배가 가득히 쌓였다. 작은방에는 산더미같이 쌓여있다. 날마다 20kg씩 저울에 달아

담았다. 마지막 날 손자가 말했다.

"할머니, 1억 원 가지고 쓰고 이것 남았어요." 28만 원을 내놓는다. 공항까지 택시비로 써라고 하자 손사래를 쳤다. 막내가 먼저 가고 다음은 아들 내외 그리고 본인. 마지막으로 택시에 캐리어를 모두 싣고 그렇게 떠났다. 밀물처럼 왔다가 썰물처럼 가고 나니 다시 덩그러니 나만의 자리였다.

2024년 5월 소식이 왔다. 손자도 시드니 아빠 집에서 살았는데 이제는 근처에 아파트를 구입하여 분가하는데 1주일을 수리하고 들어갔다고 했다. 그리고 몇 달 후 2024년 9월 2일 오전 8시 5분. 아기를 득남했다는 소식이 왔다. 나는 먼저 특별히 귀한 선물을 주신 주님께 감사와 찬양으로 모든 영광을 드렸다. 덩실덩실 춤추며 찬양과 경배를 드렸다.

"지금까지 지내온 것 주의 크신 은혜라 한이 없는 주의 사랑 어찌 이루 말하랴. 자나 깨나 주의 손이 항상 살펴주시고 모든 일을 주 안에서 형통하게 하시네."

하늘을 날으듯이 기쁘고 행복한 순간을 홀로 자축했다. 그때 번개처럼 스쳐가는 60년 전 나에게 보여주신 전능하신 하나님의 약속이 있었다. 아~ 바로 보여주신 그 약속은 이러했다.

호숫가에 나와 서서 호수 가운데서 물이 동했고 조금 있으려니 커다란 용이 솟아오르더니 하늘을 향해 꼬리를 흔들며 올라갔다. 그때 맑고 해맑은 둥근 커다란 달이 유유히 떠오르더니 나의 머리 위에서 멈추고 대한민국 태극기가 광채를 내며 펄럭펄럭 힘차게 꽂히고 달과 태극기가 영롱한 빛을 발하며 힘차게 펄럭이니 지구상 어디에도 환하게 비추며 세상 사람들이 환하게 웃으며 손을 흔들었다.

"옥같이 맑고 커다란 달과 대한민국 태극기의 찬란한 광채와 힘찬 태극기의 펄럭임은 처음봤어요."

라고 하자

"내 눈에는 그게 왜 안 보이지?" 그때 나에게만 들리는 약속은 '내가 네 몸을 빌어난 후손에게 복을 주어 대대손손 복을 얻을 것이요. 너를 축복하는 자에게 복을 주며 너를 저주하는 자에게 내가 저주하리라. 너는 복의 근원이 되리라'

그 말씀은 아브라함에게 하신 말씀과 같았다.

"창 12장 2-3절 내가 너로 큰 민족을 이루고 네게 복을 주어 네 이름을 창대케 하리니 땅의 모든 족속이 너로 인하여 복을 얻으리라."

어머니께 말씀드리니 너는 지금부터 아무에게도 말하면 안 된다고, 때가 되면 주께서 반드시 이루리라. 절대 함부로 말하면 안된다고 철저히 이르신 어머님 분부에 지금까지 아무에게도 말한 적이 없었다.

그러나 어머님도 돌아가시고 나는 천하보다도 귀한 증손자를 받고 보니 이제는 말할 때가 되었다고 생각하여 주께서 하시는 일을 누가 알까요? 오직 한 분만 아시나니 나도 말하지 않고 있다가 주께서 오라하시기 전에 꼭 알려주고 후손들이 준비해야 하기에 천만 번 생각하고 다시 또 생각하며 고민하다가 이렇게 내놓게 되었다.

그런데 기이한 현상이 아기에게 나타났다. 아기가 세상에 온

지 12일 만에 심장 대수술을 받게 되었다는 소식이 왔다.

"기쁨과 행복도 잠시였고 왜 그 엄청난 일이 핏덩이 아기에게 잃어났단 말일까요? 비수가 가슴속 깊이 박혀 너무 아픕니다. 베옷을 입고 주 앞에 무릎꿇어 땅을 치며 방성대곡하며 회계해야 될까요?"

나의 늙은 몸에 주름진 두 눈에는 피눈물이 마르지 않고 흐르나이다. 1차 대수술 이후 제2차 대수술이 또 2024년 11월 21일 한달 12일 만에 또다시 칼과 맞서야 하는 우리 아기가 너무 불쌍하다. 11월 21일 발가벗은 채 온몸에 링거줄이 엉켜서 붕대만 감겨있고 거슴츠레한 눈동자에 가슴에 커다란 바늘로 꿰맨 흉터만 드러낸 채 벌거벗겨진 모습에서 나는 말문이 막혔나이다.

"아~보기도 아까운 아기가 이런 고통과 수난을 당해야 하는 이유를 난 알 수가 없나이다. 증손자를 얻은 기쁨도 잠깐이고 나는 한숨과 눈물로 하루하루 보내고 밤 12시면 현우와 동생 건자와 사모 김애경을 위하여 특별히 나의 침상에서 방성대곡으로 울고 또 울고 있습니다. 자라지도 않은 핏덩이에게 왜 어찌하시려고 특전사의 훈련을…… 너무 하시지 않으신가요. 울고 또 울지만 하시고자 하시는 그 계획을 어찌 미련한 인생이 알겠나이까. 한 가지 내가 너로 하여금 복을 주시고 나에게서 난 자손 중에 꼭 복의 근원이 되게 하시며 약속을 믿어 의심치 않나이다."

2차 수술이 끝나고 3차 수술이 또 잡혔다고 연락이 왔다. 5개월 후 3차 수술이라는데 도대체 아기 심장에 무슨 일이 있기에 생사가 넘나드는 위험한 수술을 1년도 안된 가냘픈 몸에 칼을 대어 벌려놓아야 하는지 알 수가 없다. 이것이 사람이 살아가는 생로병사를 겪어야 한다니 끔찍하고 생각도 하기 싫은 것이다.

두 다리를 톱으로 자르고 쇠덩이를 박아서 망치로 두들기는 소리에 소름 끼치듯 소스라쳤던 무릎 수술과 어깨가 빠져나오는 아픔으로 어깨 수술, 중심 잡고 걷기가 힘들어 걸핏하면 넘어지고 허리 골절로 네 번을 시술과 통증치료를 했다. 영상으로 확인하는데 우연히 경독맥이 70~75가 하필 코로나 19 때 발견되니 꼬리뼈 협착증은 그냥 포기하고, 대학병원으로 이송

되어 사타구니에 스텐드를 삽입하는 수술을 받고 보니 더 이상 위험하니 협착증은 그냥 가지고 살라고 했다.

수술할 때도 나 혼자 주변에 알리지 않고 했는데 차라리 병원에서 죽는다면 자식들에게 알려주겠지 생각했다. 그러나 나도 똑같은 여자라는 것을 알 수 있었다. 퉁퉁 부어 누워있을 때 옆 침대에는 자녀들이 이것저것 들고와 씻어주고 걱정하는 것을 보고 고개를 돌려 흐르는 눈물은 말없이 베갯잇을 적셨다.

"왜 보호자가 없고 오는 사람도 없느냐?"

물을 때 보호자는 조영재 원장님께서 말씀하셨다.

"내가 보호자입니다."

라고 하셨다. 10년 동안 한 곳을 고치면 또 다른 곳이 고쳐지고 또 다른 곳에서, 평생 쉬지도 않고 잠도 4시간 이상을 자보지 못한 채 달려오다 보니 뼈마디가 낡고 삭아서 부실부실 오래된 고택처럼 낡아져 있으니 10년을 고치고 또 고쳐가며 살다 보니 이대로 그냥 삶을 마감하고 싶어 5층 창가로 가 아래층을 내려다보곤 했다.

잠깐 동안 우울증이 왔던 그때 간호사들은 계속 나를 감시했

다. 그래도 몸이 좋아지며 우울증도 가고 아이들에게 걱정이
되면 모든 생활의 질서가 깨질까 이를 악물고 치료에 임한 결
과 잘 회복되어 퇴원하기 전날 나는 나를 위해 수고해주신 도
수치료사들 간호사들 주방 청소 모든 직원들에게 보답하고자
떡 파티로 인사하고 나왔다.

그렇게 병원과 재활원에서 오는 날 전날에는 피자 파티 인절
미 파티로 나는 인사를 하고 온다. 이렇게 살아있다는 행복에
나는 감사의 뜻으로 하는 것에 너무 행복하다. 그런데 나의 생
각과 봉사도 아랑곳없이 동생은 4월 5일 그동안 아픔과 고통
을 견디며 살아보려고 갖은 고통 속에서 노력했으나 모든 고통
을 이기지 못하고 고통 없는 하늘나라로 한 마리 백조되어 훨
훨 날아갔다.

나는 피로에 쌓여 온몸이 뒤틀리는 증세가 나타나 밤잠을 이
루지 못했고 병원에 다녀오다가 차에서 내려 몇 발짝 걷다 중
심을 잃어 넘어져 허리에 골절을 입고 21일 동안 병원에 입원
하게 되었다. 18일 동안 입원하고 7일 나는 퇴원했고 아기는
7일 입원했다. 그러나 아기는 수술 후 6일 동안 혼수상태에서

깨어나지 못하다가 6일 만에 깨어났다고 카톡으로 보내왔다.

　온몸이 주삿줄에 얽혀있고 붕대가 손발 여기저기 주삿줄에 뒤엉켜 있고 이마, 코 어디에도 온전한 곳은 없다. 핼쑥해진 얼굴에 거슴츠레한 눈동자는 멍하게 바라보고 있는 모습을 보는 순간 가슴이 찢어지는 듯 아프고 눈물이 쏟아져 내려 앞을 가렸다. 가슴이 막혀 엉엉 울면서 큰 소리로 말했다.

　"장하다. 우리 현우는 앞으로 하나님께 쓰임 받기 위하여 특전사 훈련에 임하고 있단다. 세상에 나온 지 한 달부터 모질고 험난한 목숨 건 특전사의 훈련을 받아본 사람 있으면 나와봐. 나는 하나님께서 훈련시키는 특전사다. 5년 후에 한 번 더 받으면 이제는 다른 준비에 도전하는 나는 하나님의 특전사-할머니가 먼저 겪어보았기에 더욱 가슴이 아픕니다."

　언제인가 책에서 읽은 자녀에 대한 이야기가 생각이 난다.

　"자식을 키우고 나서 그들로부터 보상을 받으려 하지 마라. 부모는 자식을 키우는 재미로 이미 충분한 보상을 받았다."

어머니 그리고 나

서울신학교 졸업여행이 결정되었다. 목적지는 제주도이다. 신과, 교육과, 성경과 모두 100명이 넘는다. 일정은 3박 4일이다. 교통편은 육로, 항공, 배, 육해공군이 다 이용할 것으로 결정되었다.

가족 중에도 회비만 내고 가도 된다고 하였다. 나는 어머니께 말씀드렸더니 좋아하신다. 일정대로 어머니와 나는 버스로 여수항에 도착하여 페리호를 타고 제주도에 도착했다. 일행들은 숙소에 짐을 풀었다.

다음날 한라산 등반에 올랐다. 몇 명씩 조를 나누어 정상에 올라가서 만나기로 했다. 우리 조는 가다가 길을 잃었다. 그냥 보기엔 평범한 것 같았으나 억센 바닷바람 맞고 자란 나무는 억세고 갈퀴 같아서 한 발 띠는 것조차 힘들었다.

얼마나 애쓰고 소리를 질러 불렀는지 지칠대로 지쳐 있는 그때 회장님 음성이 들렸다. 표류됐다. 가만히 있어라. 우리가 간다 얼마나 기뻤는지 눈물이 났다. 다시 합류하여 무사히 정상에 올랐다.

우리 조는 엎드려뻗쳐 해놓고 매를 맞았다. 하산하기 전 백록담을 바라보니 물이 다 말라서 땅이 갈라져 있었다. 몇몇이 잠깐 내려가서 기념사진만 찍고 우리들은 하산하는데 다리가 아파 더 이상 걸을 수가 없어 주저 앉을 것 같았다. 빨리 하산하지 않으면 날씨가 변동이 심해 무슨 일이 있을지 모른다며 발길을 재촉한다. 걸어도 걸어도 끝이 없이 멀었다.

마침내 모든 일행은 무사히 하산했다. 버스정류장에 어머니가 초조하게 기다리고 계셨다. 숙소에서 식사를 마치고 쉬려고 했으나 다리가 너무 아파 어머니가 주물러 주셨지만 몸을 움직

일 수가 없어서 욕탕에 들어가 한참을 있노라니 조금은 나은 듯
하여 늦게야 잠자리에 들었다. 어머니는 약한 나를 걱정하셨다.

　다음날 일정에 따라 정방폭포, 천지연폭포, 용바위, 만장굴,
식물원 등등 3박 4일의 모든 일정이 끝났다. 한 사람도 낙오자
없이 맛있는 해물 음식과 모두가 구경들을 잘하고 우리들은 김
포행 비행기에 올랐다. 어머니와 같이 제주도에 온 것이 영원
히 잊을 수 없는 소중한 추억이 되었다.

　　어머니와 제주여행을 마치며 서양의 철학자 '플로베르'의 말
이 생각난다.

　　"여행을 통해 인간은 겸손해진다. 세상에서 인간이라는 존재
가 차지하는 비중이 얼마나 하찮은가를 절실히 깨닫게 해주기
때문이다."

아름다운 인연

　몸이 아프니 만사가 귀찮고 모든 것이 부질없다는 생각이 든다. 고스란히 나만이 싸워야 하는 이 외로운 싸움이 끝날 때까지 나는 싸워서 꼭 이겨내야지 다짐하고 또 다짐해본다.

　"성자 씨, 간밤에도 잘 지내셨나요?"

　큰 소리로 인사를 건넨다. 그리고 사 들고 온 과일을 앞에 놓고 언니하고 같이 먹으라고 한다. 그렇게 하루도 거르지 않고 아침에는 아버님이, 점심때는 셋째가, 밤에는 큰딸과 둘째 딸이 어머니를 지극 정성으로 돌보고 있었다.

　"성자 씨가 좋아하는 홍시를 사왔어요. 먹고 빨리 일어나세

요."

침대에 놓고 가는 모습을 아우가 보고 웃었다.

"언니! 내가 입원하고 이런 대접받을 줄은 꿈에도 생각 못했어요. 언니에게 잘하는 남편을 볼 때 오히려 내 마음이 기뻐요. 부담 갖지 말고 그냥 받아주세요. 셋째가 왜 시집 안 간다고 했을까요? 같은 아버지 맞기도 했고요. 저에게 화를 내다가도 참지 못하면 화분을 때려서 깨부수고 온 집안이 편할 날이 없었어요?"

"식당을 하면서 다리가 오자가 되어 자주 넘어지는데 아픈 것은 고사하고 창피해서 사람 앞에 서기가 싫었어요. 나는 오자가 너무 심해서 심을 하고 세웠다고 하데요. 오직 일밖에 모르고 살았는데 이제는 나도 아들에게 물려줬으니 그동안 못한 것 하면서 내 몸 돌보며 살려고요."

그의 한마디 한마디에 나는 눈물이 났다. 아픈 다리보다 사람들이 볼까봐 그것이 더 부끄러웠다는 그는 집안에서 밖에서 몸이 망가지는 것도 모르고 자식 걱정에 몸 하나 불살라 가면서 뼈마디가 녹고 곪아 빠지고 나서야 깨달은 그 심정을 누가 알까? 난 느꼈다.

가족은 아무리 힘들고 어렵더라도 같이 보고 듣고 헤쳐 나가는 것이 정상이라는 것을 꿈에도 생각도 못했다고 했다. 꼭 참고 오직 자식과 가정을 위해서 헌신한 아우의 노력이 자식에게 큰 효로 가정을 잘 지켜 오셨구려, 아우! 당신은 이제 건강한 그동안 모든 아픔일랑 모두 잊고 남편의 사랑, 그리고 자식들 만끽하며 행복할 날만 있기를 기대할게요.

그분에게 그런 사연이 있는 줄은 정말 몰랐다. 다음날 남편의 칠순잔치가 있는 날이다. 식당 예약을 하고 저녁식사를 가족들이 모여서 한다고 셋째 딸이 오늘은 머리도 감기고 화장도 엷게 시켰다. 가져온 옷으로 갈아입히고 휠체어에 올라탔다.

나는 봉투에 '축! 칠순'이라고 써서 잘하고 오라고 했다. 사촌들과 손자손녀들도 함께 모여 잘 끝냈다고 했다. 다음날 우리는 복도로 나갔다. 밀고 다니는 보행기를 끌고 나가서 기념사진을 찍었다. 함박웃음을 짓는다.

"언니, 이거 봐 언니. 내 다리가 똑같이 반듯하지?"

"응~ 맞아. 그러네."

하며 우리는 웃었다. 그날 아침 그의 남편이 왔다.

"성자 씨!"

하면서 지갑을 보여 주는데 돈이 가득 들어 있었다.

"오~ 많네? 그런데 왜 그 지갑에 들어 있지? 아우 지갑에 있어야 하지 않는 것 아닌가?"

"아니, 지갑에 있어야 되는 거야."

하며 우리는 한바탕 웃었다.

그는 잘 먹어서 회복이 빨랐다. 나는 육식을 못하는 채식 체질인데 그것도 죽만 먹어 많이 부실하여 회복이 많이 떨어졌다. 그렇게 서로 의지하고 병원 생활을 했다.

"언니, 나 휴먼시아 재활병원으로 가기로 아이들이 예약했데요."

"그래? 거기는 우리 아파트 맞은편에 있는데 비싸다고 하던데."

"그래두 자리가 있어서 했데요."

"잘했어. 다음에 내가 건강해 지면 역곡에 한 번 가서 같이 바지락 칼국수도 먹어봐야지."

그는 휴먼재활병원으로 갔다. 그동안 나는 도수치료를 신청하여 매일 받아왔다.

이와 같이 사람과 인연, 아름다운 만남을 통하여 깊은 물 속에 잠기듯이 감정의 밑바닥까지 인연이 쉬고 있고 따스한 인정이 물처럼 흐름을 느낀다. 인연을 아는 것은 사고요, 사고를 통하여 감각은 휴머니즘으로 살아나 본질적인 것이 되어 그 속에 있는 것이 인간 관계는 빛나고 있는 것이다. 그것이 우리네 아름다운 인연이요, 삶이 아닐까……

지난 1910년 5월 29일 서울에서 출생하여 중국 상해 호강 대학 영문과를 졸업하고 서울대에서 후학을 가르치시며 평생 아름다운 정조와 생활을 노래한 순수서정의 피천득 교수님의 인연 글이 생각난다.

"어리석은 사람은 인연을 만나도 몰라보고, 보통사람은 인연인 줄 알면서도 놓치고, 현명한 사람은 옷깃만 스쳐도 인연을 살려낸다!"

알몸 그 형님

봄비가 요란하게 내리던 어느 날이었다. 남편을 출근시키고 집안을 정리하고 있는데 누군가 다급하게 문을 두드린다. 재빨리 문을 열었다. 문 밖에는 이웃집 여인이 발가벗은 알몸으로 신발도 제대로 신지 못한 채 빗속을 헤치고 뛰어서 우리집에 온 것이다. 보는 순간 황당한 이 상황에 몹시 놀랐다. 얼른 집안으로 들어오라 하고 먼저 세면장으로 데리고 가서 젖은 몸을 깨끗하게 씻겼다. 그리고 내 옷은 작아서 맞지 않아 남편의 옷을 꺼내어 입혀 주었다.

그 사람은 벌벌 떨면서 눈물만 계속 흘렸다. 아무것도 묻지 못하는 나에게 입을 열었다. 그냥 죽고만 싶단다. 짐승도 이렇

게는 안 산다며 차라리 죽는 것이 낫겠다고 흐느꼈다. 그래서
말했다.

"죽기는 왜 죽어요? 죽지 말고 복수하세요~"

라고 했더니, 한두 번도 아니고 무슨 꼬투리만 잡으면 다른
방으로 끌고 가서 옷부터 모두 벗겨버리고 담뱃불로 지지고 후
려치는데 이렇게 더 이상 맞고 살겠냐며 울음을 터뜨린다. 한
두 번이면 그래도 참고 살아보겠지만 습관이 된 지가 벌써 오
래되어 이제는 만성이 되었단다.
 그래서 이렇게 말했다.

"그러면 아이들이 다섯이나 되고 그 아이들을 이대로 두고
죽는 것은 아이들이 불쌍하니 죽는 것은 다음에 해도 되니까
일단 버릇을 고쳐줍시다."

그리고 나서 마음을 가라앉히고 진정된 마음이 되어서야 자
리에서 일어섰다. 저녁때가 다 되어 남편의 옷을 벗기고 입지
않은 옷으로 갈아입히고 집을 나섰다. 가면서 어떻게 된 것인

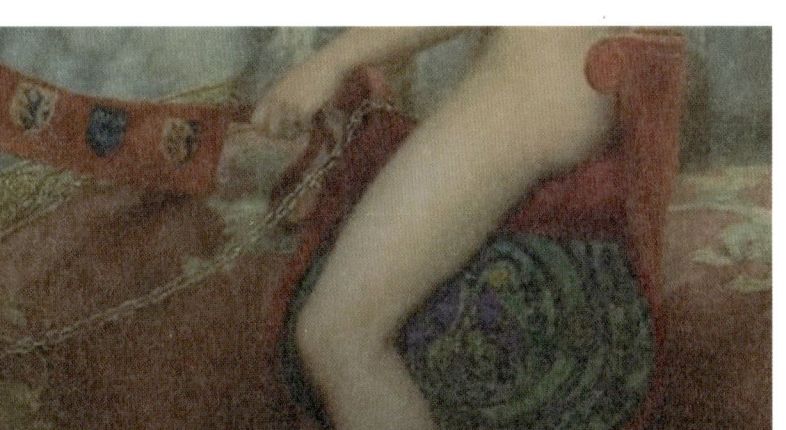

지 물어보니 남편이 한참을 때리더니 화장실에 간다고 하여 나간 틈을 이용해 붙들려 죽는 한이 있더라도 도망가는 마음에 오다 보니 우리집이란다. 참으로 기구하고 기구한 운명이라는 생각이 들었다. 그 집에 도착하니 아이들이 우르르 몰려나와 모두가 반긴다.

"여보. 비 오는데 어디 갔다 이제야 오는 거야? 하루 종일 얼마나 걱정했는데? 어서 애들 밥부터 챙겨 먹여야지."

그녀는 아무 말없이 부엌으로 들어갔다. 단도직입적으로 말했다.

"○○아빠. 나하고 이야기 좀 해요."

하면서 아이들이 없는 방으로 같이 들어갔다. 들어서자마자 문부터 잠가버렸다. 그리고 말했다.

"○○아빠가 언제부터 그리 잔인한 사람이었나요? 사람이 할 수 없는 짐승만도 못한 짓을…… 가장 아끼고 사랑해 주어야 할 아이들과 부인에게 어떻게 그럴 수가 있어요?"

하면서 다그쳤다.

"정말 신문에 날 일이네요? 동네 사람들은 ○○아빠는 법 없이도 살 사람이라고 입에 침이 마르도록 칭찬하는데…… 사람들이 알게 되면 당신은 더 이상 설 곳이 없어요?"

매우 격앙된 어조로 강하게 이야기를 했더니 묵묵히 방바닥만 쳐다보고 아무런 말도 하지 않는다. 그런 그 사람을 더욱 다그쳤다.

"오늘 계속 죽는다고 한강에 간다는 것을 겨우 달래고 달래서 데려왔어요. 꼭 복수하자고 다그쳐서 억지로 따라 오긴 했는데 이제 죽이든 살리든 알아서 하세요!"

그러면서 단호하게 말했다.

"그 사람이 너무 착해서 누구에게도 자기의 고통을 말도 못하고 당하고만 살아왔는데…… 이제 내가 보고 알게 된 이상 더는 가만히 있지 않을 거예요. 그 사람도 수치감과 고통을 모르는 사람이 아니에요. 그리고 아이들 엄마입니다."

그래도 그 사람은 아무 말도 못했다.

"한 번만 더 이런 일이 생기면 고발할 겁니다?"

"……?"

"내 집에서 키우는 강아지도 제 스스로 예뻐하면 남도 함부로 하지 않아요. 함께 산 부부가 제 식구 아까운 줄 알고 고이 보듬으세요!"

하고 말하며 문을 꽝 닫고 집으로 돌아와 버렸다. 그런 일이 있고 난 후 그 남자는 한 번도 그런 일을 하지 않았다. 참으로 다행스러운 일이다. 세월이 흘러 아이들도 모두 잘 자라 출가도 하고 아픈 아들과 셋이서 칭찬하는데 이런 사실을 동네 사람들이 오순도순 잘살아가고 있다고 길에서 만나 이야기했다. 앞니는 다 빠지고 머리는 백발인데 어느 의사 선생님 댁의 가사 도우미로 출퇴근하며 잘살고 있단다.

"그때 동생이 도와주지 않았으면 아마 우리 가정은 진작 풍지박살이 났을지도 몰라. 항상 고마운 마음으로 살고 있어. 고마워 동생."

"자…… 원수 갚아야지!"
지난날의 추억과 기억을 되새기며 알몸이었던 그 형님을 꼬옥 껴안고 우리는 크게 웃었다.
"호호호……"
"호호호…… 지난 일은 언제나 그립다고 했던가요? 순간이여, 너 거기 그대로 멈추어라!"

제2부

살며 생각하며

꿈이 이루어 질 때까지
어머니 고맙습니다
그리고 사랑합니다

우리 어머니

천신만고 끝에 3학년 공민학교가 아니고 6학년 국민학교를 졸업하게 되었다. 유년기 시절은 이미 『동백꽃 사랑』 1권에 모두 소개되었기에 언급하지 않지만, 6학년 졸업은 이제부터 배움의 시작이었다. 6학년 모두 마치고 졸업 준비에 필요한 졸업사진도 찍고 졸업식만 하면 되는데 음력 1월 1일 명절 뒷날 동네 아주머니들이 우리집에 모였다.

시골은 씨족사회로 동네마다 한씨, 이씨, 나씨, 최씨들이 모여 산다. 그래서 모두가 집안들이다. 어머님이 말씀하셨다.

"오늘 형님, 동생들 이렇게 오시라고 한 것은 그동안 부족한 저에게 사랑해 주시고 아껴 주신 그 은혜를 잊을 수 없을 겁네다. 저는 우리 성자가 국민학교를 졸업하게 되었습니다. 여기 촌에서는 아이들 셋을 공부시킬 수가 없어서 넓은 세상으로 나가서 이 아이들의 꿈을 키워 주려고 합네다. 그래서 헤어지는 아쉬움에 오늘 모여서 말씀 드리고 떠나고 싶었습니다. 이왕 오셨으니 필요한 것이 있으시면 들고들 가세요."

하고 말씀하셨다. 사람들 뒤에 앉아 계시던 당숙모께서 앞치마에 눈물을 훔치며 말씀하신다.

"여보게나, 자네가 그리 마음먹었다면 그게 옳은 일이지만 많이 섭섭하네 그려. 이 사람아, 잘 가서 꼭 성공하게나!"

그러자 모두가 앞치마에 눈물을 훔치시며 말씀하신다.

"고생 많이 하고 가신다!"

"꼭 성공하시라고……!"

"그리고 몸 건강하게 아이들 잘 키우라!"

그날 밤 어머니는 가지고 떠날 보따리를 대강 쌓아 놓으셨다.

"애들아. 내일 새벽에 떠나려면 일찍 잠자리에 들어야 하니 이제 그만 자거라."

나는 잠깐 집을 나와 옥년이 친구에게 뛰어갔다. 친구를 불

러내어 말했다.

"우리집은 내일 서울로 이사 가는데 그리고 내가 가서 다음
에 꼭 데리려 올 거야 그때까지 잘 있어."

"응, 알았어. 꼭 데리려 와야 해."

"알았어."

우리는 끌어안고 한참을 울었다. 이 친구는 나에게는 각별한
친구다. 『동백꽃 사랑』 1권 유년기에 실려 있어서 더 이상 언
급하지는 않겠다. 그날 밤 일찍 잠자리에 들었다.

새벽 첫닭이 울고 이어 두 번을 더 울 때 우리 3남매와 어머니는 따뜻한 물 한 모금씩 마시고 어머니는 이불 보따리를 오빠는 양식과 그릇을 지게에 지고 나는 옷보따리를 동생은 책을 그렇게 한 보따리씩 이고 지고 내가 태어나 13년 동안 자란 정든 집을 뒤로하고 우리는 탱자나무 울타리를 벗어나 길을 나섰다.

초생달이 흐리게 비추는 어두컴컴한 새벽길을 어머니 뒤로 줄지어 걷고 또 걸었다. 머리 위에서 짓누르는 보따리는 점점 무거워지고 우리들의 발걸은 멈출줄 모르고 주산역을 향하여 걷고 또 걸었다.

동녘 하늘이 붉게 물들고 둥근 햇살이 힘차게 솟아 오를 때 30리 길도 모두 끝이 났다. 끝이 없이 멀고 먼 우리들의 지친 발걸음도 목적지인 주산역에 도착했다. 모든 짐보따리를 철길 옆에 내려놓고 어머니는 우리들의 타고 갈 차표를 사 오셨다. 보따리 옆에 옹기종기 둘러앉아 쉬고 있을 때 뿌웅~웅 칙칙폭폭 완행열차가 기적을 울리면서 들어오고 있었다.

열차가 정거하고 우리들은 서둘러 짐을 실고 우리 네 식구도 차에 올랐다. 조금 느리게 가는 차를 못 탈 수도 있다고 하셨다. 작은 역에서는 오래 쉬지 않고 바로 출발하기 때문이었다.

정든 고향 땅을 뒤로하고 완행열차는 서울을 향해 기적소리 울리며 달리기 시작했다. 차창 밖으로 빠르게 지나가는 앙상한 풍경들을 바라보니 정든 시골 내 고향이 눈에 선하다. 친구가 생각난다. 학교 가기 전 우리는 물동이로 물을 길어 물항아리에 채우고 학교 가던 그 친구가 생각이 난다.

"잘 있어. 꼭 데리려 올게 친구야. 기다려."

생각하니 눈물이 났다. 열차는 잘도 달려간다. 몇 시간이 지나갔을까. 차내에서 판매원이 지나간다.

"천안 명물 호도과자가 왔어요. 삶은 계란이나 날계란이 왔어요."

어머니는 지나가는 판매원을 부르신다.

"이 보라요. 삶은 계란하고 호도과자 그리고 물 한 병 주시라요."

그렇게 먹거리를 사셨다. 새벽부터 밥도 못 먹고 짐보따리

이고 지고 오느라고 고생 많았다.

"배고프겠구나? 물 한 모금 마시고 어서들 먹어라."

삶은 계란을 벗겨주셨다. 그리고 호도과자도 먹었다. 배고프다가 음식을 먹고 나니 몸이 나른해지고 잠이 왔다.

"이제 절반 왔다. 왜 잠이 안 오겠니. 조금씩 자거라. 도착하면 깨워주마."

우리들은 배도 부르고 아직도 온만큼 더 가야 한다니 어머니가 깨울 때까지 우리들은 자기로 했다. 어머니께서 혼자말로 하시는 말씀을 들었다.

'어린 것들이 시국을 잘못 만나 고생이 많구나? 불쌍한 내 새끼들 쯧쯧쯧……!'

하시며 흘쩍이셨다. 얼마나 되었을까. 완행열차는 기적을 울리며 마침내 서울역에 도착했다.

"애들아. 다왔다. 어서 일어나거라. 눈 뜨고 내릴 준비하자."

"예. 알었시유. 엄니……!"

드디어 서울역에 도착하니 우리 짐뿐만 아니라 시골에서 오는 모든 분들도 보따리가 보통 둘 셋은 기본이었다. 그리고 지게로 배달하는 지게꾼들도 많았다. 우리도 각자의 보따리를 이고 지고 서울역에서 남대문을 지나 북창동을 향해 서울의 첫걸음을 내딛었다.

우리는 어머님을 중심으로 이곳에서 우리들의 푸른 꿈을 이룰 것이다. 어머니의 희생이 헛되지 않토록 새 환경에 잘 적응하고 인내하며 끝까지 도전하고 포기하는 일은 없을 것이다.

"꿈이 이루어 질 때까지, 어머니 고맙습니다. 그리고 사랑합니다."

계엄령

2024년 12월 3일.

나는 정치인도 아니고 그렇다고 여당도 아니고 야당도 아니다. 그저 한 가정에 아이들의 어머니요, 아낙이요, 국민의 한 사람일 뿐이다. 내가 듣고 본 것을 솔직하게 써 보려고 한다.

오늘도 하루가 정치권들의 권력다툼 속에 시끄러운 하루가 지나갔다. 나는 평소와 같이 TV를 켜놓은 채 책상에 앉아서 오늘 있었던 일들을 쓰고 있었다. 시간도 늦었는데 갑자기 속보라면서 대통령의 계엄령이 선포되었다는 것이다. 잠깐 TV에 촛점을 맞추었다. 더 이상 아무런 이상이 없었다.

가짜 뉴스가 판을 친다던데 이것도 가짜인가? 그리고 펜대를 놓고 잃어나서 현관문을 열고 복도로 나갔다. 사방을 둘러봐도 고요했다. 다시 책상에 앉았다. 가만히 생각해 보았다.

'혹시 북에서 무슨 짓을 했나?'

아니면 야당에서 쿠테타라도 일으켰나? 공포심은 점점 커져만 갔다. 나는 장롱에서 가볍고 따뜻한 파카 옷으로 갈아입었다. 유사시를 위함이었다. 다음날 KBS 뉴스를 보았다. 뉴스가 한창이었다. 국회 문 앞에는 망치들고 유리창을 깨부수는 군인들과 이를 저지하려는 국회 경호직원들 간에 몸싸움이 벌어지고 있었다.

한편 밖에는 헬기가 완전무장한 군인들을 실고 와서 풀었다. 그 군인들도 총대를 겨누고 들어오고 있었다. 윤 대통령이 이렇게 지시했다고 망치로 유리창을 깨부수고라도 그렇지 않으면 담을 넘어서라도 국회 안으로 들어가서 몇몇 국회의원들을 잡아 끌어내라고 하는 명을 받았다고 말했다.

국회 안으로 들어가려는 군인들과 국회 진입을 막으려는 국회 경호직원들의 몸싸움이 아수라장을 방불케 하는 가운데 한

편 국회 안에서는 4시부터 윤 대통령 탄핵안 표결을 위한 가결을 결정하는데 8표가 모자란다며 야당은 여당에게 찬성표 8표가 모자란다며 여당에게 요구했다. 그때 여당에서 8표만 찬성표가 나오면 탄핵 소추안이 결정된다고 했다. 제일 먼저 안철수 의원이 결정했고, 이어 7명의 여당이 결정했다. 국회 밖에서는 윤석열 대통령 탄핵 시위자들과 탄핵을 반대하는 정광훈 태극기로 시위하는 두 시위대들은 탄핵 피켓과 반대 태극기를 흔들며 구호를 외치며 맹렬하게 시위에 맞서고 있을 때 대통령이 입을 열었다.

"아무리 일을 하려고 해도 사사건건 방해하여 도저히 일을 할 수가 없어서 엄포만 하려고 했다."

나는 생각했다. 계엄령을 선포하기 전에 야당과 한 번쯤은 화합의 장을 만들어 소통할 수 있는 통합의 길로 갈 수 있도록 리더쉽을 발휘해보고도 정말로 꼭 사용해도 늦지 않았을 것이다. 대통령이 야당과 소통이 안되면 될 때까지 포기하지 말고 노력했더라면 굳이 계엄까지는 안 갔을 것이다.

북에서 남침이나 야당에서 쿠데타 같은 꼭 법을 사용하여야 일을 할 수 있는 것과는 전혀 다른 일에 사용했다고 생각한다. 아무리 법에 능숙한 대통령도 정치 구단들에게는 법이 해결 못 하는 정치 경륜이 좋은 무기가 될 수 있는 것이다.

'독불장군' 사자성어가 꼭 맞는 말이다. 여당도 야당도 모두 통합적으로 만들려면 내가 먼저 섬겨야 섬김을 받는 법이다. 이제 탄핵 6일 만에 내란 우두머리 죄까지 죄명이 붙여진 가운데 탄핵되었다. 야당은 이재명 후보로 똘똘 뭉쳐 재보궐 선거에 발빠르게 선거유세에 돌입했다. 전국을 돌면서 선거유세에 공약을 내세우고 국민들 속으로 파고드는데 처음보다 점점 유세장을 메우는 인구는 설 곳이 없도록 모여들었다.

여당은 시간과 날짜가 자꾸만 다가오는데, 아직도 대통령이 탄핵당하고도 현실을 파악 못 한 건지 단일화에만 시시비비를 가리지 못하고 있다. 네 명이 단일화되고 2명이 단일화되는 동안 이미 야당으로 기세가 기울어진 듯했다.

이제 여당도 천신만고 끝에 단일화가 되고 선거운동은 국민들에게 만족할 만한 공약을 핵심있게 전해도 모자라는 시간인데, 한 가지 아쉬운 것은 상대방을 비방하는 전략은 이미 국민들이 익히 알고 있는 사실을 굳이 시간 낭비할 필요가 있었는지. 예를 들면 이렇다.

"나는 깨끗한 사람입니다."
"많은 죄가 있는 후보가 되면……?"
그리고 또 이런다.
"나는 방탄 조끼를 안 입습니다."

상대 ○○○후보는 방탄 조끼를 입고 다닌다든지 이러한 것들은 이미 후보들에 관한 것을 국민들이 더 잘 알고 있는 것을 굳이 시간 낭비였고 핵심적인 공약이 부족하여 알려야 할 것은 알려지지 못한 채 모든 유세는 끝났다.

여당의 단합도 아쉬웠다. 당 안에서도 뚜렷한 리더쉽이 없고 단합이 안된 상태에서 개인 플레이에만 급급해 보였다. 시끄러운 탄핵은 6일 만에 모두 끝났다.

6월 3일 오전 6시부터 오후 8시까지 (선)투표하는 날 나도 깨끗하고 공정한 한 표를 행사했다. 이제 주사위는 던져졌고 누가 우리 대한민국을 이끌어 나아가든지 인심은 천심이라고 했다.

위대한 대한민국의 대통령은 자신을 버리고 국민들의 말에 귀를 기울이고 대한민국의 큰 머슴으로 열심히 일하여 정치 경제 사회 문화가 균형있는 발전을 기대하면서 외교에 이르기까지 세계 속에 우뚝 세워놓는 솔로몬과 같이 항상 천지 주체이신 하나님께 기도하며 지혜로 아름답게 대한민국 우리 조국을 빛내는 대통령이 되도록 나는 기도할 것이다. 혼자가 아닌 위정자들과 국민들이 하나가 되고 국민들의 뜨거운 염원으로 이 나라가 더욱 더 행복하게 되기를……

지난 19세기 한국의 대표적인 청록파 시인으로 잘 알려진 '박두진 서정시인'은 이렇게 일갈했다.

"그간 놈의 민주주의를 왜 한 번 신나게 못해본단 말인가?"

아들에게

내 아들아!

2025년 6월 6일이 너도 생일이고 회갑이 되었구나. 축하한다. 어미가 자식의 회갑을 축하한다는 것은 하늘에 축복이 아니겠니? 앞으로 네가 걸어나가는 길에 주님께서 함께 하시므로 건강하고 탄탄한 대로가 이어지기를 기도한단다.

아들아! 아버지라는 이름이 얼마나 무겁더냐? 돌덩이보다도 더 무거운 짐을 두 어깨에 메어지고 여기까지 잘도 달려왔구나. 이민이란 그 길은 네가 선택한 길이었다. 네가 이민수속을 한다고 할 때 나는 말리고 싶었다. 이역만리 이국 땅에서 말도 통하지 않고 인맥도 전혀 없는 맥락에서 가진 것조차 없는 이방인으로 살아가는 것은 물 없는 사막을 눈물 없이는 한 발도 내딛일 수 없는 것을 불 보듯 뻔한 일인데…… 어미로서 어찌 말리고 싶지 않았겠니……

그러나 나는 아들을 믿었단다. 얼마나 많이 생각하고 고민하다 내린 결단이었겠니? 평소에 네가 자라면서 어떤 것도 심중하게 무슨 일들도 돌다리도 두들겨 보고 건너는 심중을 기하여 결정하는 것들을 나는 잘 알기에 너를 믿고 말없이 응원하기로 마음먹었단다. 내가 할 수 있는 것은 특별한 시간 정하여 하느님께 도와달라고 기도하는 일이 내몫이었단다.

아이들이 물 가운데로 갈지라도 물이 침몰치 않게 하시고 불길로 건널지라도 불이 사르지 않도록 기켜주시며 만나는 자들로 도움이 되게 하시기를 지금까지 간구하고 있단다. 아버지는 너희가 막상 떠난다고 했을 때 눈물을 흘리더니 아이들이 떠나면 보고플 텐데 하기에 보고프면 가서 보면 되지…… 아이처럼 울기는 왜 우냐고 했다. 왜 안 그러겠니. 월남하여 가족이라고는 아들만 바라보고 살았는데 훌쩍 떠나면 얼마나 그립겠

니…… 그렇게 시름시름 앓더니 자리에 누워 제주도에서 찍은 사진첩과 황혼 사진첩만 머릿맡에 놓고 보고 또 보다가 네가 떠나기 전에 다시는 못 올 하늘나라로 가셨다. 다행이 네가 시립합창단에 퇴사를 하기 전이어서 아버지 장례식은 합창단에서 3일 동안 상주와 같이 아버지 영전을 지켰지. 그래도 아들이 있어서 모든 장례식을 훌륭하게 잘 보내드리게 되었다. 그 후 얼마 안돼서 너희들은 대한민국을 떠나 호주로 갔다.

이 세상 모든 어머니들의 마음이 다같은 마음이겠지만 나에게는 네가 특별한 자식이었단다. 오직 공부를 해서 꼭 선생님이 되어서 어머니를 편하게 모시고 살겠다는 그 마음 뿐이었다. 어머니의 권유로 집도 없고 돈도 없고 군대도 안 간 너희 아빠를 만나 결혼하였다. 너는 무슨 말을 한다 해도 이해를 못하겠지…… 외사촌 오빠 천막집에 조카가 쓰던 작은방 한 칸을 주서서 신혼 생활이 시작되었다. 아무리 친척이라도 돈을 내야지 떳떳하다 하여 보증금 50,000원 월 5,000원에 세들어 살았다.

남편은 방직공장 공무과에 근무했고 나는 롯데제과 공장에 입사하였다. 그런데 너를 갖게 되었고 나는 워낙 약하여 키 162, 허리 23, 몸무게 43kg였지. 임신 9개월이 되어도 아무도 내가 임신한 것을 아는 사람은 없었다. 만나는 사람들이 말하기를 요즘엔 몸이 조금 나아졌다고 말했지. 나는 사직서를 내고 솜을 사다 너를 맞으려고 이부자리, 속싸개, 기저귀, 배냇저고리 모든 준비를 다 해놓고 음력 5월 11일 이날이 조카가 보훈이를 낳은 돌날이었단다. 아침부터 산기가 있더니 점심때가 지나고 점점 산통이 심해지고 남편의 퇴근시간이 가까워지자 어머니와 언니가 지켜보는데 죽을 것만 같았다. 퇴근한 남편이 대명의원으로 뛰어가 의사 선생님을 모시고 오자마자 해산하는 것을 보고 축하한다며 가셨다.

　그렇게 네가 첫돌이 지난 어느 날 회사에서 퇴근하고 집에 온 남편이 얼굴이 하얘지면서 "큰일났다. 우리 도망가자"고 했다. 나는 이미 짐작하여 알고 있었다. "왜 도망가요. 도망간다고 해결되나요…… 나는 애기하고 제대할 때까지 잘 살고 있을 테니 잘 마치고 오세요." 그러면서 퇴직금 타줄 테니 사는데까지 그걸로 먹고 살라고 했다. "퇴직금은 건드리지 마세요." 제대하면 바로 복직해야 된다고 하면서 "나와 애기 둘은 어떠하더라도 먹고 살게요." 그렇게 달래서 입대시켰다.

　너는 내 목숨보다 더 소중하고 내가 살아야 할 이유였단다. 너를 업고 밤마다 남편이 탈영하지 않고 3년 6개월을 군복무 잘 마치고 돌아오기를 울면서 기도하면 등에 업힌 너는 소리도 못 내고 울 때 포대기를 풀고 너를 내려 품에 안고 울다가 잠이 든 것이 얼마였던가…… 네가 있어 내가 있고 내가 있어 네가 있고 세상에서 믿고 살아야 할 유일한 내 아들이었다. 하루는

고무 다라에 가지를 이고 당산동 가계에 넘겨주는 곳으로 가는데 너를 업은 포대기가 주루룩 흘러내려서 너는 땅바닥까지 흘러내렸고 나는 머리 위에 큰 다라를 이고 있으니 그냥 그 자리에서 꼼짝도 못하고 서 있을 때 하필 남편이 근무하던 회사 앞에서 였다. 경비실 앞에서 일어난 일인데 그때 경비계장으로 계신 둘째 형님 큰아버지가 물끄러미 바라만 보고 있었지.

그때 마침 야근하고 퇴근하던 한 처녀가 깜짝 놀라며 머리에 이고 있는 다라부터 내려주고 아기를 다시 업어 끈을 어깨로 둘러매 주었다. 나라고 왜 부끄럽지 않았겠니. 그러나 내가 먹여 살려야 할 아들이 있어서 부끄럽지 않았다. 한번은 영등포 과일시장에서 참외를 받아 큰길 건너 제일은행 앞에 자리를 잡고 참외 다라를 놓고 너를 포대에 깔고 앉혀 놓았는데 조금 놀더니 물을 찾는 것이었어. 어디서 물을 구해 먹일까 사방을 둘어보아도 답이 없었다. 너는 결국 자리를 벗어나 아장아장 찻길로 들어가고, 데러다 놓으면 다시 가고, 참외는 누구 한 사람 묻는 사람은 없고, 날씨는 뜨거운데 나도 지칠대로 지쳤는데 갈 수도 없고, 있자니 애기가 물만 찾고 진퇴양단이었을 때 한 신사가 나에게 물었다.

"누나냐? 고모냐? 엄마는 아닌 것 같고 애기 데리고 이런 데서 있으면 애기가 사고 나면 큰일난다." 면서 "어서 애기 데리고 집으로 가라."

다라에 있는 참외를 땅바닥에 모두 꺼내놓고 다시는 찻길에서 애기 데리고 장사하지 말라며 내가 받는 돈보다 더 주셨다. 나는 너무 고마워서 엉엉 울고 말았다.

"고맙습니다."

인사를 올리고 아기를 업고 집으로 오니 아이는 잠이 들고 그토록 목말라 하더니 어서 깨워서 물을 먹이려고 했더니 아이는 열이 펄펄 끓었다. 그날 밤 내 품에서 잠들었던 너는 갑자기 경기를 하는데 놀라서 팬티만 입은 채 맨발로 정신없이 뛰어간 곳은 산파 선생님에게 갔다.

"살려주세요. 우리 아기 살려주세요?"

그분은 나를 보고 놀라서 뛰어와 보니 아기는 경기가 끝나고 풀이 죽어 엎으려 있었다. 그제야 나를 보니 팬티 바람에 맨발이란 걸 알았다. 산파는 나를 토닥이며 언제든지 나에게 무슨 일이 있으면 오라며 나와 아기를 잠들 때까지 지켜보다가 가셨다.

그 후 워낙 약하다 보니 감기만 지나가도 꼭 너는 걸려서 얼마나 애간장을 태우며 열만 나면 경기할까 봐 바지를 입고 잠자리에 들었단다. 그렇게 3년 36개월 만에 남편이 무사히 군 복무 마치고 제대하여 바로 복직했다.

아들아! 빈손 들고 가서 그 나라에 시민이 되고 장막도 마련하고 네 아들 손자도 장막을 마련하고 장가가서 손자도 보았으니 너희들은 어느 곳에 있든지 어디에서 살든지 아름답고 위대한 대한민국만은 잊어서는 안된다. 고난과 역경은 나를 세우는 데 디딤돌이 되고 네가 쓴 고난을 이겨내어 다행이도 아들과 네 손자의 약이 되었구나. 나는 이제 내 아들의 그 모습이 장하고 가장의 역할을 너무도 잘해냈다고 칭찬해 주고 싶단다.

너의 남은 생애가 더욱 건강하고 아름다운 행복이 가득하기를 엄마는 기도한다. 아들, 회갑을 축하해. 그리고 사랑해.

"너는 나의 분신이요, 나는 너의 그늘이니까!"

술래잡기하잔다

요즘 가끔씩 나의 일상 생활이 술래잡기하잔다. 가위 바위 보 하기 전에 꼭꼭 숨어버린다. 나는 또 술래이다. 찾는다. 살금살금 가만가만 찾기 시작한다. 냉장고도 열어 보고 화장실도 열어 보고 선반에도 찾아보고 텔레비전 옆에도 세탁기 위에도 찾을 수 있는 곳은 다 찾아보아도 아무런 기척이 없다.

나도 지쳤다. 못 찾겠다고 막 하려는데 그때 어디선가에서 임영웅 노래가 은은하게 들려왔다. 잠시 쉬어가면 좋은텐데~ 나는 살금살금 소리 나는 곳으로 살살 걸어갔다. 그곳은 안방에 나의 침대에 이불 속에서 나를 부른 가만히 이불을 처들고 보니 환한 얼굴로 계속 나를 부른다. 찾았다. 그만 불러라 얼른

손에 들고 열어 보니 딸에게서 걸려온 전화였다.

　필요한 용건만 간단하게 마치고 휴대폰을 닫으며 말했다. 네가 이불 속 깊이 숨었지만 나는 찾을 수 있단다. 알겠니……

사랑한다. 다음에는 숨지마라. 내사랑 핸드폰…….

지난 1월 20일 ○○○○○ 제2호 출간기념회 상반기 모임
에 갔다가 끝나고 자리를 옮겨서 간단하게 차 한 잔과 서로의

안녕을 빌며 헤어졌다. 나는 잠깐 화장실에 들렀다. ○○○교수님께서 탁상용 달력과 수첩 그리고 쇼핑백 등을 받았다. 쇼핑백 가방 안에 모두 담아넣었다. 너무 더워서 속에 입고 간 앙고라 T를 벗어 가방에 같이 넣었다. 그리고 코트를 입고 마스크를 착용하고 모자를 쓰고 가방을 들고 전철을 타고 두 정거장을 지나는 순간 무었인가 허전함을 느꼈다. 안경을 올리려고 손이 마스크로 가는 순간 무었인가 아차 그 화장실에 안경이 숨었다는 사실을 알게 되었다.

오늘은 ○○○교수님께서 주신 짐이 있었고 게다가 안경과 마스크까지 챙기고 모자까지 챙기다 보니 벗어놓은 안경을 놓친 것이다. 그런데 인지도가 전과 같지 않고 기억력도 전과 같이 않다는 것을 알았다.

자, 이제 다시 보따리 들고 되돌아간다는 것은 나로서는 아주 힘든 일이다. 백화점 화장실에 벗어놓은 안경은 있겠지만 전철을 갈아타는 일은 위험한 일이라서 안경을 차라리 다시 맞추기로 하고 그냥 포기했다. 안경아, 너마는 못 찾겠다 꾀꼬리. 다음날 진이안경점에가서 바로 새 안경으로 바꾸었다.

며칠이 지나고 농가마트에 들러서 여러 가지 물건들을 사고 계산대에 가서 계산하려고 지갑을 열어보았다. 지갑 속에 있어야 할 카드가 안 보였다. 계산을 미루고 집으로 왔다. 찾을 만한 곳은 다 찾아보았다. 현금을 가지고 가서 계산했다. 그리고 며칠이 지나고 동대표 모임에 가려고 옷을 갈아입고 주머니에 손을 넣는 순간 무엇인지 내 손을 잡힌다.

　며칠 전 못 찾았던 그 카드였다.

　"오~ 너 잘 만났다. 내가 안 찾으니까 심심하지? 넌 잘 모르지? 나는 끝까지 꼭 찾아낸다고 했잖아! 다음부터는 보이게 숨어라. 빨리 찾아줄 테니……?"

　한동안 잠잠하더니 엊그제는 약봉지가 심심했나 보다 아침 식사 끝내고 30분이 지나서 약을 먹으려고 하다가 식사하기 전에 미리 약을 준비해 놓고 먹는 습관이었다.

　'어~ 먹은 거야? 챙겨놓지 않은 거야?'

　생각하다가 먹었으면 또 먹으면 두 번 먹은 것이 되고 그러면 차라리 안 먹는 것이 정답이다. 그래 오늘은 내가 졌다. 두

번은 안 속는다. 아침식사 하기전에 꼭 챙겨놓을 것이다.

"오늘은 내가 졌다. 하하하……."

나도 나이가 먹었나 보다 그렇지만 재밌다. 늙어도 나는 건망증 따위는 생각도 못 한 일이다.

건망증을 예방하는 방법
① 혼자만 고립되지 말자(전화도 하고)
② 하루에 30분은 운동하기(30분 운동)
③ 식사는 균형있게 세 끼 챙겨 먹고
④ 글쓰기를 멈추지 말기
⑤ 잠자리 들기 전 하루의 삶을 반성
⑥ 나라와 군장병 위한 기도드리기

건망증은 '잠깐 잊었던 것이 시간이 가면 생각나는 것'이다. 치매는 '조금 전에 있었던 것도 까맣게 생각이 않나는 것'이라고 했다. 그래서 나는 아직은 건망증으로 가끔씩 술래잡기를 하며 늙는 과정이 좋다.

영원히 내 곁을 떠난 남자

주일 날 오후 교회 갔다가 집에 돌아오니 남편이 기다리고 있었다. 그러면서 말한다.

"여보, 당신은 불쌍한 사람들 중매도 많이 해주고 좋은 일도 많이 해주었는데 내 소원도 한 번 들어주면 안 될까?"

"아니, 무슨 소원인데…… 다 들어줄게요. 말씀만 하세요. 도대체 그 소원이란게 뭐예요?"

"지금 당장 나하고 같이 갈 데가 있으니까 같이 가요!"

그리하여 영문도 모르는 채 가방만 내려놓고 남편을 따라나섰다. 우리가 간 곳은 다름 아닌 동네 사진관이었다. '시우 할머니'가 운영하는 사진관인데 '시우'는 우리 어린이집에 다니는 원생이었다.

사장님이 빙그레 웃으셨다.

"얼마 전에 오셔서 문의하시더니 원장님 가족이셨네요 ~~!"

"여기서 뭘 하자는 건데요?"

"사진관에서 할 일은 오직 한 가지, 사진 찍는 일이지. 우리 온 김에 황혼 사진 찍어요!"

"그래요 찍어요. 그게 무슨 소원까지나. 호호호!"

여러 가지 복장을 바꾸어 가면서 사진을 찍자니 시간이 꽤 많이 소요되었다. 웃으며 남편에게 말하고 사진 찍을 준비를 하였다. 드레스를 입고 찍고, 한복으로 갈아입고 찍고, 정장을 한 모습으로 찍는 등 다양한 모습의 컨셉으로 원없이 사진을 찍었다. 며칠 후, 그날의 사진들이 사진첩으로 나왔다며 남편은 그 사진첩을 보고 매우 만족스러운 듯 보고 또 보고 연신 허허허…… 거리며 좋아했다.

그 후 1년이 지나고 어느 날 이렇게 말한다.

"여보, 자기는 좋겠다! 제주도를 5번이나 갔다 왔잖아. 나도 한 번 가보았으면 좋겠는데……"

"그래요? 그럼 언제 날을 잡아 가자구요."

"당신 바쁜데 시간 낼 수 있을까?"

"시간이야 내면 되지요."

그 후 그리고 교사들에게 어린이집 일을 맡기고 2박 3일 일정으로 제주도 여행을 가기로 하였다. 드디어 제주도 여행 가기로 한 날! 아침 일찍 김포공항에 가서 비행기를 타고 제주공항에 도착했다. 우리 부부는 점심식사를 마치고 나란히 가까운 해변을 산책했다. 오랜만에 맛보는 여유스러움에 우리 부부는 마냥 행복했고, 남편도 마치 다른 세상에 온 것인 양 매우 즐거

위했다.

시원한 바다 풍경과 물 위를 훨훨 날아다니는 갈매기의 한가로운 비행을 바라보며 삶에 대한 의미도 다시 한 번 되새겨본다. 다음날 우리는 유채꽃 구경에 나섰다. 아름다운 노란색 유채꽃이 만발한 꽃밭에서 우리는 다양한 포즈를 취하며 멋진 모습으로 사진 찍기에 바빴다.

마음씨 좋은 사진사가 가이드가 되어 여러 가지 설명을 곁들여 들려주었고 의미있는 장소마다 멋진 사진을 찍어 주면서 사진은 내일 출력하여 가져다 주겠다고 한다. 다음날 사진사는 약속대로 사진첩으로 엮어 사진을 가져왔다. 우리 부부는 그 사진들을 보면서 마냥 행복해했다.

우리는 그렇게 남편과의 낭만적인 추억을 가슴에 차곡차곡 쌓아 그 누구도 흉내내지 못할 멋진 제주여행을 하였다. 남편이 그토록 가고 싶어했던 제주도 2박 3일의 여행을 무사히 마치고 김포행 비행기에 올랐다.

"여보~~! 고마워. 귀한 시간을 내주어서~~"

그러면서 말한다.

"더 이상 원하는 것이 없어……!"

라며 말끝을 흐린다.

"아니, 여보. 어디 아파요?"

하며 물었다.

"아니야. 아프진 않은데 왠지 오래 살지 못할 것 같아요?"

깜짝 놀라 당장 내일이라도 병원에 가서 검진을 받아보자고 했다. 다음날 우리는 성모병원에 예약하고 검진을 받았다. 하지만 다행이 아무런 병도 나타나지 않아 안도의 한숨과 함께 즐거운 마음으로 집으로 돌아왔다. 남편도 너무도 기분 좋아했다.

아들이 호주로 이민 가기 위해 수속을 하면서 아버지 회갑 잔치를 거창하게 차려드렸다. 시립단원들까지 모두 참석하여 회갑을 축하해 주어 그야말로 성대한 행사가 되었다.

"여보. 저 아이들까지 이민을 가면 보고 싶어 어쩌지? 보고 싶으면 보러 가면 되지 무슨 걱정이야? 아니면 애들이 와도 되고……?"

그러면서 말한다.

"아직 가지도 않았는데 왜 벌써 울고불고 난리야? 내가 옆에 있잖아. 무슨 걱정이야. 내가 당신의 버팀목이 되어줄게 걱정하지마!"

하고 위로해 주었다.

"건강하게 오래만 살아 있어 줘요. 그래야 내가 활동하는데 힘이 되고 과부라는 소리를 안 듣지? 내 친구 중에 일찍 과부가 되어 살아가는 친구가 있는데 참 안 됐더라구."

그러면서 말했다.

"요즈음 퇴직하고 집에만 있으려니 답답하고 심심하지…… 그러면 강씨 아저씨하고 좋아하는 낚시도 가고 여행도 다니면서 맛있는 것도 먹으며 신나게 돌아다녀. 내가 먹여 살릴 테니 조금도 걱정하지 말고……"

그러자 남편이 말했다.

"그래…… 말이라도 고마워요."

"아무튼 아프지 말고 건강하게 내 옆에 오랫동안 있어줘요."

남편은 아무리 좋은 일이 있어도 큰소리로 웃지 않는다. 그냥 씨~~익 하고 웃으면 잘 웃는 것이다. 일이 있어도 큰소리로 고함을 지르거나 나무라거나 싸우는 일은 결코 없다. 술 한 잔에 모든 것을 마시고 만다. 그런데 요즈음 남편의 행동이 조금은 이상하여 마음속으로 걱정되어 마음을 놓을 수가 없다.

어느 날 아들이 왔다. 그동안 준비했던 호주 이민 서류가 완결되어 비자가 나와 머지않아 호주로 이민 가게 될 것 같다며 자랑스럽게 이야기한다. 그 말을 듣고 남편은 마음에 상처를 입었는지 마냥 울기만 한다.

그러더니 결국 자리에 눕게 되었다. 시름시름 병상에 누워 지난번 제주도 여행에서 찍은 사진첩과 사진관에서 찍은 사진들을 보고 또 보고 하더니 그 길로 이 세상을 하직하고 말았다.

2005년 11월 16일. 주일 날 11시에 하늘나라로 가신 것이다. 마지막 하직하면서 말한다.

"여보. 당신을 데려와 고생만 시키고 당신만 두고 가는 나를 용서해 주오. 미안하오. 그리고 너무도 많이 사랑하오……"

라는 말과 함께 그이는 영원히 내 곁을 떠나고 말았다. 인생무상이라는 말이 참으로 가슴에 와닿는 순간이었다.

영국의 성직자 겸 작가 '토마스 플러'의 말이 생각이 나네요.

"당신이 가지고 있는 최고의 재산 또는 최악의 재산은 바로 내 아내이어요!"

대추나무의 추억

어느덧 여름이 거의 지나가고 자연을 시샘하는 태풍이 마지막 발악을 하고 있는 시점이다. 지난밤에도 천둥과 번개를 동반한 비바람이 밤새 내렸다. 태풍은 초청도 안 했는데 왜 해마다 이렇게 찾아오는지 참으로 얄밉다. 어른들은 다 된 작물들이 피해를 입을까봐 전전긍긍이다. 야속하기만 하다.

그러다가 태풍아, 이왕 왔다가는데 대추나무나 실컷 흔들어주고 가려므나. 내가 내일 일찍 가서 떨어진 대추를 모두 주우련다. 이런 생각을 했다. 그리고 다음날 아침 일찍 집을 나섰다. 이 길은 내짝 친구네 집으로 가는 길이다. 거기에는 길 옆에 늙은 커다란 대추나무가 한 그루 서 있는데 그것은 남진이 오빠네 나무이다.

그 대추나무에서 떨어지는 대추는 누구든지 먼저 줍는 사람이 임자이다. 도착해 보니 작은 나뭇가지들이 비바람에 못 이겨 땅바닥에 떨어져 있고 이파리와 채 익지도 않은 대추가 여기저기 많이도 널브러져 있었다.

그 모습을 보는 순간 가슴이 설레었다. 재빨리 치마폭을 올려 쥐고 정신 없이 몸을 굽히고 대추를 줍기 시작했다. 그때 지

게를 지고 논에 가던 아저씨가 말한다.

"우리 성자가 대추를 많이 주웠구나. 신나겠다!"

"예~!"

하고 머리를 들어 쳐다보니 그 아저씨가 빙그레 웃고 계셨다.

"그만 비 맞지 말고 어서 집에 가거라."

"예, 알겠습니다."

하고 대답하고 앞자락에 주워 담은 대추를 붙들고 하나라도 흘리지 않게 조심하여 집으로 돌아왔다. 그런 나의 모습을 보신 어머니는 말씀하신다.

"이 비를 맞고 어데 갔다 온 거이가……"

나는 주워온 대추를 마루바닥에 와르르 쏟아놓았다.

"어디서 그렇게 많이 주워왔니?"

하시면서 놀라워 하신다.

"남진이 오빠네 길 옆에 있는 대추나무 밑에 갔더니 대추가 여기저기서 나오기를 기다렸나 봐!"

하고 자랑스럽게 말씀드렸다.

"얼마나 설레고 기뻤는지 몰라. 그런데 용규네 아저씨가 비

맞지 말고 그만 들어가라 하시면서 웃었는데 설마 내가 치마를 걷어올려 내 배를 보고 웃은 것은 아닐까?"

그러자 어머니는 말씀하신다.

"설마 그럴 리가 있겠니…… 네가 감기들까봐 걱정되어 그러신 거겠지. 안 그러니?"

하며 어머니와 나는 한바탕 신나게 웃었다. 참으로 즐겁고 신나는 하루였다.

제3부

마음이 겸손하면 영예를 얻으리라

가정에서 마음이 평화로우면
어느 마을에 가서도 축제처럼
즐거운 일들을 발견한다

마음이 겸손하면 영예를 얻으리라

가만히 생각해 보았다.

샛별 같은 비영리 국가봉사 사회공헌 자립형 문화나눔 민간단체 한국문화해외교류협회 한국어 문학박사 님을 내가 만나다니! 언감생심 하늘같이 높으신 한국어의 권위자 대한민국 문화체육관광부 국립국어원 소속 문장감수를 맡아오며 중부대학교 교양학부에서 문학이론을 지도하시는 문학박사 김우영 교수님을 만났다.

꿈만 같은 일이다. 어쩌다가 작가라는 이름으로 인생 2막을 살고 있다. 어릴 때부터 일기를 써 왔고 한평생 공부하고 배우는 것을 좋아했다. 어린이들과 평생을 같이 살아오다 보니 말

이나 억양이나 행동이 어른스럽지 못하고 유아틱하다고 친구들은 종종 말했다.

이제 글을 쓰다보면 벽에 부딪칠 때가 종종 있다. 그때마다 답답하고 캄캄하여 어디에서 답을 찾아야 할지 막연해진다. 글을 쓰는 방법이나 문장의 시작과 끝은 어떻게 시작하고 전개되어 끝매듭을 매끄럽게 마쳐야 좋은 글이 맛깔있는 글로 탄생될까? 아무리 생각해도 모르겠다.

그렇다고 소설책이나 시집 같은 책을 읽어본 적도 없고 고작 성경에서 읽어본 것은 시편, 잠언, 아가서들이다. 성서에 기록된 글들은 비유적으로 기록되어 있어서 이해하는데는 어려움이 많다.

우리집의 책들은 보통학교에서 배울 때 쓰던 교화서들만 있다. 시작할 때는 재미로 늙고 병들고 치매까지 들까봐 시작했는데 힘든다고 포기한다면 시작을 말았어야지. 그렇다고 해결책도 없고 난감한 지경에 이르렀을 때 그만 두어야 하나 이러지도 저러지도 못하고 아주 절실할 때 우연히 한국문화해외교류협회 한국어 문학박사 님을 만났다.

그리고 한국문화해외교류협회 회원으로 정정당당하게 박사 님의 지도하에 훌륭하신 문학도들과 아름다운 한글을 공감하고 공유하며 좋은 댓글로 지성인들의 전당에서 나는 한글의 첫걸음을 띠며 열심히 배우고 있다.

돈으로도 살 수 없는 가장 고귀한 배움을 얼마나 원하고 갈망했던가! 이제야 제대로 된 한글의 배움은 나의 생명이 다하는 날까지 배워 가리라. 교수 박사님들께서 올려주시는 글을 읽고 쓰면서 느리지만 열심히 공부하며 나의 지식을 쌓아 나갈 것이다.

　어떤 교수님께서 올리신 글 중에는 한자가 많이 섞여 있어서 한자까지 읽고 쓰노라면 일거양득에 공부가 된다. 최 교수님께서 올려주신 글도 읽고 쓰다 보니 한 번도 뵌 적은 없지만 점점 친숙해져 간다.

　다른 교수님들이 올리신 글도 열심히 읽고 쓰면서 마음의 양식을 쌓아가는 매우 유익한 시간이 되고 있다. 이제는 나 혼자가 아니다. 든든한 박사님과 회원 교수님들이 계셔서 너무 행복하다.

　김우영 박사님은 한국문화 한글사랑에 푹 빠져서 오늘은 한국에서 내일은 여러 나라로 한글사랑을 전하기 위해 하늘길을 날아간다. 아프리카, 탄자니아, 중앙아시아, 우즈베키스탄에 몇 년씩 체류하며 해외 유학생들에게 세종대왕께서 창제한 한글 한국어를 지도하며 K-한국어를 국위선양한다.

지난해 귀국하여 대전 중부대학교 교양학부에 복직하시고 3개반 99명 외국인 유학생들에게 매주 한국어를 지도하시며 본 협회를 이끌어 가시고 계신다.

주께서 나에게 마지막 축복으로 말로는 다할 수 없는 보석보다도 더 귀한 축복을 주심에 감사드리며 "시:29"절을 인용하고 싶다. "사람이 교만하면 낮아지게 되겠고 마음이 겸손하면 영예를 얻으리라."

훌륭하신 교수님을 만나서 한글의 오묘하고 아름다운 우리글을 배우게 하시며 많은 교수 박사님들의 가르침으로 내가 쓰고 있는 수필과 시가 더욱 더 아름답게 꽃피울 수 있도록 더욱 겸손하며 남은 높이고 나는 낮은 자리에서 묵묵히 배우며 따라갈 것이다.

한국문화 한글을 사랑하시는 박사님께서는 오늘도 한글사랑

기타에 실어 둘러메고 민간 외교사절단 중앙아시아 3개국 우즈베키스탄, 키르키스스탄, 카자흐스탄을 방문하기 위하여 서울경인지회 한태진 교수님을 비롯하여 방문단 14명을 모시고 지난 2025년 6월 30일 인천국제공항을 출발하셨다.

그리고 3개국을 모든 일정을 마치고 7월 9일 수요일 10일간 모든 일정이 끝나고 귀국하셨다.

언니 나 췌장암이래요

2023년 10월 사촌 여동생에게서 전화가 왔다.

"언니. 지금 부천 순천향대병원이에요. 요즘 소화가 안되고 배가 아파서 동네 다니던 병원에서 치료받고 약을 먹었는 데도 안 나아서 한 번 더 검진했더니 대학병원으로 가보라고 해서 왔는데 검진결과 췌장암이라고 하면서 6개월밖에 못 산다고…… 항암치료도 수술도 못한데요?"

가만히 듣고 있는 내 가슴은 가슴은 쿵 내려앉고 두 눈에서 말없이 흘러내리는 눈물 줄기는 목선을 타고 쏟아져 내린다. 무슨 말을 해야 할까. 사방은 캄캄하고 하늘이 무너지니 기가 막히는 일이었다. 동생은 말을 다하고 부른다.

"어 언니······?"

그때 참고 참았던 슬픔이 폭발하고 말았다.

"엉엉엉······ 엉엉엉······"

큰소리도 울고 말았다. 아무리 말을 하려고 해도 가슴이 막혀 아무 말도 못하고 있는데 동생은 말한다.

"언니! 몸도 성치 않은데 울지마. 언니 쓰러지면 안 돼."

동생은 태연스럽게 나를 위로했다. 겨우 마음을 추슬러 입을 열었다.

"지금은 의술도 발달되어 웬만한 것은 잘 고친다는데······ 너는 주치 선생님 말씀에 치료 잘 받고 최선을 다해 치료에만 힘써야 해. 나도 밤 12시 시간 정하여 정성을 다해 기도드릴게. 우리는 네가 치료받고 완치될 때까지 포기하지 말고 너는 너대로 나는 나대로 주어진 임무에 열중하자. 응. 꼭 승리해야 한다."

그날 밤 12시 기도하려고 큰 방문도 잠그고 침대에 걸터앉

아 두 손 모아 무릎 사이에 끼고 눈을 감았다.

"주님이시여! 어어엉…… 어어엉……"

부르는 순간 통곡으로 변했다. 기도에는 순서가 있다.

"순서는 어디에 두고 하는 기도인지, 너무하십니다. 남편이 오랫동안 투병생활하여 날마다 병원을 내 집처럼 드나들며 살려보려고 그렇게도 온갖 정성 다하였건만 하늘나라로 떠나가신 지 겨우 2년도 안되었고…… 지금은 동생에게 찾아온 병명이 췌장암이라고 합니다. 살려주세요. 치료도 수술도 할 수 없다고 합니다. 주께서 이 세상에 계실 때 병자들을 찾아가서서 고쳐주신 것을 알고 믿나이다. 한 번만 불쌍히 여겨 주옵소서!"

방성대곡하며 통곡했다. 한참을 기도하다 보니 스스로 처연한 생각이 들었다.

'내가 지금 무었을 하고 있는 거냐? 격식 없는 기도는 아이가 부모님께 해주세요?'
떼 쓰듯 나 그렇게 기도하며 울었다.
"며칠 후 언니! 내일 퇴원하라네요."
"알았다."
마음이 급해진다. 감사하느라 얼마나 고생만 하고 먹을 것 제대로 못 먹었는데 죽이라도 끓여서 먹여야 겠다고 생각했다. 지갑을 보니 7천 원 있었다. APT에 셔틀버스가 5분 간격으로 나가는데 이럴 수도 저럴 수도 없었다. 무조건 차를 탔다.

부천역에 있는 자유시장에 하차하였다. 그리고 재래시장에

고깃집이 몇 곳이 있는데 그중에도 사람이 제일 많이 밀리는 그 가계로 갔다. 많은 손님들이 거의 다 가고 나도 한 발 떼려 하는데 네 번 꼭 꼭 접힌 1만 원권 파란 돈이 떨어져 있었다.

'어~ 이게 왜 여기에……'

"사장님. 죽거리 10,000원어치 주세요."

그렇게 소고기를 사 가지고 이번엔 해물전으로 갔다. 그곳에 몇 가게가 있어도 이 가계만 사람들이 모여든 역시 사람이 많아서 기다렸다가 모두 가고 한 사람만 남아서 나도 앞으로 발을 떼려는 순간 발아래 만 원짜리 돈이 접힌 채 떨어져 있었다.

'어~ 이게 왜 또……'

나는 얼른 주웠다.

"사장님. 이 전복이 만 원인가요?"

"예."

싸 달라고 했다. 이번에는 야채 가게로 갔다. 야채 가게가 하루에 한 트럭씩 파는 곳이 3개나 생겼다. 그중에 손님이 제일 많은 총각 가게로 갔다. 입구로 들어서서 한 바퀴 돌면서 장을 보고 마지막 나오는 중이었다.

장바구니를 들고 입구로 들어서려는데 문턱 아래에 천 원짜리가 접힌 채 떨어져 있었다. 뒤에 사람들이 줄 서서 들어오는데 나는 재빨리 주웠다. 펴보니 3,000원이었다.

나는 브로컬리 3,000원, 당근 3,000원, 양파 3,000원 그리고 콩나물 모두 10,000원에 샀다. 주은 돈 삼천 원과 아직도 지갑 속에 7,000원이 있었기에 오늘은 동생을 위해 장보기였는데 내 생전 이런 일은 처음이었다.

'주님. 나의 정성을 헤아려 남지도 모자라지도 않고 시장을 볼 수 있도록 도와주셔 감사합니다. 동생이 내가 해준 죽을 먹고 회복하게 해 주세요.'

마음으로 빌었다. 장바구니를 들고 셔틀버스에 올랐다. 이웃들이 말했다.
"언니 몸도 안 좋은데 무엇을 그리 많이 사셨어요?"
"응~ 이것은 내일 사촌 동생이 병원에서 퇴원하는 날이야. 죽 끓여서 먹이려고."
당당하게 말했다.

"언니도 아프면서 동생까지 챙겨주는 언니를 누가 말리냐?"

"호호호…… 히히히……"

한바탕 웃었다. 행복한 순간이었다. 다음날 찹쌀로 끓인 소고기 죽을 또 다음날은 전복죽을 그다음날은 야채죽을 정성을 다해 나의 진심을 담아서 동생에게 해주었다는 것은 전적으로 하늘의 도움이었기에 주님께 감사드렸다.

이렇게라도 해줄 수 있다는 것이 행복했다. 그 후 동생은 항암치료와 수술을 하게 되었는데 동생의 몸에는 폐까지 전이되고 더 이상 버티기에는 힘들었다. 요양병원으로 전전긍긍하였다. 하지만 나는 소고기죽을 쑤어 가져갔다. 먹고 나더니 죽은 그만 가져오라고 했다. 그 후 나는 갈비탕, 추어탕, 동치미, 식혜, 더덕자반, 보리굴비, 요구르트 등 요구하는 음식을 날마다 만들어서 병원으로 가지고 갔다.

너무 힘들었지만 동생이 나을 수만 있다면 끝까지 최선을 다하려고 마음먹었다. 2025년 4월 1일 그날도 밤새 만든 식혜와 동치미를 가지고 병원에 들어가 보니 초라한 모습으로 자고 있었다.

간병 도우미에게 동치미와 식혜가 먹고 싶다고 하여 가지고
왔다고 했다.

"안 먹어요. 가지고 가세요."

전화 받고 만들어온 것이라고 해도 한사코 가지고 가라며 이
제는 해 오지 말라고 했다. 그리고 밖으로 나갔고 나는 집에 오
려고 동생의 손을 잡았을 때 동생이 말했다.

"언니. 나 안 자?"

하면서 내 손을 잡았다.

"언니. 식혜 줘. 먹을 거야."

"안 잤구나."

하고 식혜를 한잔 따라주자 다 먹고 나더니 한잔을 더 달라
고 하였다.

"저 간병인이 기저귀 갈아주기 귀찮아서 그러는 거야. 언니
먹고 싶으면 전화할게. 조금 쉬어요. 몸도 성치 않으면서 고생
많이 했어요."

"응 그래. 알았어."

나는 집으로 돌아왔다. 그리고 4월 5일 동생은 아픔과 고통

에서 한 마리 새가 되어 훨훨 하늘로 날아갔다. 동생이 떠나고 나도 병원에 20일 동안 입원했고 몸이 많이 안 좋았다. 그러나 후회 없는 봉사로 나의 도리를 다한 것 같아서 마음은 편안했다.

"사랑하는 동생 건자야. 다음 세상에 다시 태어난다면 네 몸도 돌보며 건강관리 잘하고 나보다 먼저 가면 안된다. 사랑해."

님이시여!

훗날 당신을 만나는 날 늙었다고 몰라보시면 안됩니다.

님이시여!
아들네 식구는 먼 하늘 아래 살고 있어 당신께 자주 소식 드리지 못합니다.

님이시여!
딸아이는 결혼해서 같은 동네 살지만 나는 사위가 어려워 한 번도 가 본 일 없고 손녀딸이 애기 데리고 어렵게 세월을 살아가니 내 마음이 아픕니다.

님이시여!

당신은 늙지 않을거야 했지요. 나도 별수 없이 늙었나 봅니다. 어깨 허리 다리 경동맥까지 안 고친데가 없네요.

님이시여!

이제는 당신께 말할 것 같아요. 사랑한다고요.

님이시여!

욕심과 미련을 다 내려놓고 이 세상을 떠날 때 가벼이 가려고 하나씩 정리해요.

님이시여!

어차피 홀로 왔다 갈 때도 홀로 가는데 요즈음 들어 외롭고 쓸쓸하네요.

님이시여!

병원을 자주 드나들다 보니 뒤척이고 하얗게 지새우는 날이 점점 더해 가네요.

님이시여!

바람결이 스쳐만 가도 당신이 생각납니다. 따뜻했던 당신의
그 손길이 그립습니다.

님이시여!

다음 생에 다시 만난다면 당신께 받은 사랑 두 배로 갚고 그
리고 사랑했다고 말하겠어요.

님이시여!

몸과 마음 흔들림 없이 굳건히 잘 살아왔다고 말하겠어요.

님이시여!

이제는 말합니다. 어머니로 자식들을 위해 최선을 다했다고
힘에 겹도록 잘살아 왔다고……

홍성현 선생님

어린이집 개원으로 초창기. 정한이와 동생 민경이를 데리고 화곡동에서 오목교 목동까지 어린것들 데리고 출퇴근하면서도 힘들어 하는 나의 곁에서 묵묵히 도와주던 나의 천사 홍성현 선생님.

아이들 점심식사는 물론이고 청소와 온갖 궂은일 다하며 말 없이 일하면서 나보다도 더 많이 나를 걱정해 주던 고마운 홍 선생님. 수많은 선생님들이 나와 함께 아이들을 사랑하며 돌보며 일해왔지만 떠나고 나면 안부 하나 없이 소식이 끊어지는 것이 당연지사로 알고 있지만 홍 선생님은 다르다.

　지금까지 순금처럼 변하지 않고 세월이 갈수록 더욱 반짝반짝 빛난다. 가끔씩 살짝 집에 와서 냉장고에 내가 먹을 채소 과일 생선으로 채워 놓고 가는 싼타다. 하루는 전화가 왔다.

　"원장님. 제가 알기로는 어제 예약 진료받는 날 같은데 잘 받으셨나요?"

　"별일이 없어야 할 텐데요……"

　"2024년 7월 12일. 알고 있었구나. 7월 12일 날 모든 검진은 새로 하자네."

　"원장님. 드시고 싶은 거 있으시면 바로 전화주세요. 제가 모시러 갈게요. 원장님. 오늘이 정한이(영국신사 별명) 생일인데…… 동네 한정식 식당에서 식구끼리 식사를 했어요. 한참 식사를 하고 있는데 우리 원장님 모시고 여기서 식사해 드렸으면 좋겠다고 하더라구요. 얼마나 아이들이 원장님을 항상 가족같이 여기고 음식 먹을 때도 생각을 한답니다. 정한이 말 한마디에 원장님을 더욱 생각나게 했습니다."

"우리 정한이가 반듯하게 잘 자랐구나. 고맙다. 지금은 한 가정에 가장이고 두 아이의 아버지로 큰 회사에서도 든든한 위치에서 열심히 자기 몫을 잘하는 우리 정한이 늦었지만 생일 축하한다. 내 사랑 정한아. 네 어머니의 훈계로 잘 자라주어 고맙고 눈물나게 사랑한다. 자식은 부모를 보고 자라고 부모는 항상 호박넝쿨이 다른 데로 뻗지 못하도록 잘 돌봐주듯이 너는 훌륭한 부모님의 가르침으로 네가 살아가는 현실 속에 인정받고 쓰임받는 정직한 사회인이 된 것을 축하한다."

이것이 큰 보람된 삶이라고 나는 자부한다. 몇천 명 중에 한 사람이 얼마나 귀한 존재가 되는지 비로서 알게 되었다. 아이들은 부모님의 거울이라고 했던가…… 7월 12일 홍 선생님은 순천향대학병원에 미리 말도 없이 와 있었다.

걷기가 힘든 나를 보호자역을 자청하여 이곳저곳 다니면서 검진을 마치고 예손병원으로 가서 모든 예약 진료를 잘 마치고 나니 저녁때가 되어 병원 앞 식당에서 동태탕 식사까지 모두 마치고 집으로 나를 데려다 주고 홍 선생님도 집으로 갔다. 조금있으려니 잘 도착했다고 전화가 왔다.

"원장님. 오늘 고생 많이 하셨어요. 그래도 별 다른 이상이 없어서 다행이에요."

"고마워요. 젊어서부터 나를 걱정해주고 언제나 신경써 주는 홍 선생님이 있어서 나는 행복한 사람이에요. 사랑해요!"

내가 가는 길

나의 삶이 아무리 힘들다 할지라도 화를 내거나 슬퍼하지 않는다. 그것은 나의 자식들이 보고 있기 때문이다.

내가 가는 길에,
남편이나 자식들이 내 생각과 다르다 해도 나는 원망과 험담으로 불화를 일으키지 않는다. 소중한 가족이므로……

내가 가는 길에,
험한 난관에 부딪혀도 포기하지 않는다. 살아가는 길에 좋은 길이 있으면 험한 길도 있으니 좋은 길은 좋은 대로 험한 길 또한 잘 극복하여 조심조심 천천히 만들어 가면 된다. 내가 가야

할 길이니까. 포기는 없다.

　내가 가는 길에,

　나는 아무리 없이 살아도 돈에 노예는 되기 싫다. 너무 집착하다가 돈도 친구도 명예도 잃기 쉽고 너무 돈에만 집착하는 것보다 나누고 베풀고 주는 것이 행복하다는 것을 알면 행복한 삶이 된다. 사람 사는 것이 별거 없다. 사람과 사람 사이에 서

로 믿고 도와주고 도움받고 같이 웃고 같이 울며 살아가는 것
이 최고의 행복이다.

　이제 늙어 시간이 얼마 남지 않았다고 함부로 살지마라. 그
동안 가족을 위해 헌신한 삶이 모두 사라지고 외톨이 된다. 젊
어서 돈벌 때 함부로 낭비하지 말고 있을 때 베풀며 공을 쌓아
야 후회가 없다.

동글동글한 초록빛 콩알 닮은 형부

산천초목이 온통 푸르뎅뎅 초록으로 물드는 오전 나절. 형부한테 전화가 왔다.

"처제. 9시 30분이야."

형부께서 말씀하셨다.

"처제. 한 번 보고 싶네요."

형부는 부모님이고 보호자이고 언제나 최고의 응원자이시다. 한결같은 마음으로 지켜보시며 변함없는 사랑의 손길로 보일 듯 보이지 않고 멀지만 가까이에서 지켜보시는 나의 보호자.

　우리 형부는 여름날 보리밥에 두어 먹는 예쁘고 사랑스런 초록빛 콩알처럼 사방 어느 한 곳도 모나지 않은 동글동글한 콩알 닮은 우리 형부 언제나 고마운 분이다.

　"형부. 감사합니다. 그리고 건강하게 오래도록 저를 지금처럼 지켜주세요. 언니와 형부께서 이 못난 처제에게 많은 관심으로 응원해 주셔서 저에게는 힘이 되었고, 살아가는 보람이었습니다. 두 분 건강하게 앞으로도 오래도록 제 곁에 지금처럼 응원해주시고 지켜봐 주세요."

동글동글 초록빛 구슬콩 형부의 땀방울 닮은 모양에 길쭉한 집에서 방 한 칸씩 들어가 옹기종기 나란히 사이좋게 살아가는 초록빛깔 구슬콩. 한 여름에 형부의 이마에서 흐르는 땀방울처럼 동글동글 빛나는 초록빛깔 구슬콩.

아빠도 엄마도 오빠, 언니도 다섯 남매 모두 방 한 칸씩 들어가 사는 동글 동글 구슬콩 같다. 형부 손에 이끌리어 울타리 밑에 심은 구슬콩. 구름도 지나가며 비를 주시고 햇님도 따뜻하게 비춰주시고 캄캄한 밤에는 무서울까봐 달님이 지켜주셔서 무럭무럭 힘차게 자라나는 초록빛깔 구슬콩.

울타리 붙잡고 담장을 타고 쭉쭉 올라가는 초록빛깔 콩나무. 햇살이 마중나와 반겨주고 구름이 목마를까 비를 내리고 바람이 지나다가 예쁘다고 어루만져 만지니 꽃 피고 알알이 동글동글 씨앗이 되어 할머니, 할아버지 아이들에게 골고루 사랑받는 영양도 풍부한 동글동글 빛나는 초록빛깔 구슬 콩.

이 글은 형부가 보내주신 초록빛깔 구슬 같은 그 콩을 까서 밥을 지어 먹을 때마다 감사하는 마음으로 썼다.

훌륭한 부모의 슬하에 있으면 사랑에 넘치는 체험을 얻을 수 있다. 그것은 먼 훗날 노년이 되더라도 없어지지 않는다고 한다. 또한 모든 행복한 가족들은 서로 닮은 데가 많다고 한다. 가족들이 서로 하나로 맺어져 동일체가 되어 있다는 것이 정말 이 세상에서의 유일한 행복이다.

인도 속담에 이런 말이 있다. 어쩌면 나하고 똑같은 경우라고 생각하며 흡족해 하고 있다.

"가정에서 마음이 평화로우면 어느 마을에 가서도 축제처럼 즐거운 일들을 발견한다."

경기 부천에 살면서 평화롭고 늘 충만한 마음으로 축제처럼 즐거운 일들을 발견하며 산다.

제4부

꽃잎이 휘날리는 봄날

어리석은 사람은 인연을 만나도 몰라보고
보통 사람은 인연인 줄 알면서도 놓치고, 현명한
사람은 옷깃만 스쳐도 인연을 살려낸다

'정구죽천(丁口竹天)'의 만남

특별한 약속도 없는데 2024년이 가고, 2025년 2월 하순에 접어들었는데도 칼바람은 여전히 뼛속까지 파고든다.

지난밤 동생의 병을 고쳐달라고 밤 12시에 약속대로 하나님께 기도 드린 후 문학지에 실릴 원고를 쓰느라고 시간 가는 줄도 모르고 밤을 새웠다.

아침 5시가 넘어서야 잠자리에 들었다. 그리고 한잠 깊이 자고 있을 때, 꿈속인지 비몽사몽 간에 전화벨 소리가 들려왔다. 잠결에 더듬어 핸드폰을 눌렀다. 그때 알 수 없는 목소리로 묻는다.

"○○○ 씨가 맞나요?"

"누구신가요?"

"맞아요?"

"왜 그러시는데요?"

"저 ○○○ 교수님께서 전화해보라고 하셔서요."

그때서야 짐작했다. 한국문화해외교류협회 회원임을 알고 서야 이해를 했다.

"제가 맞습니다. 그런데 무슨 일이신데요?"

"아! 오늘 식사나 한 번 같이 하려고요."

"그런데 제가 시간이 좀 없어서 다음에 미루시면 안될까요."

그분은 말했다.

"잠깐이면 됩니다."

솔직히 말하면 모르는 남자와 만나서 식사하자고 하여 만나 서 식사를 한 적도 없지만 28일까지 제출해야 하는 원고가 그 날 밤을 새워 시간이 모자라기 때문이었다.

단번에 거절할 수 있었으나 ○○○ 교수님께서 개입되어 있 는 상태이다 보니 난감했다.

"선생님. 그러면 지금이 11시 20분인데요. 조금 있다가 11 시 40분까지 부천 역사 개찰구 앞에서 만나지요. 잠시 후에 거

기서 뵙겠습니다.”

　따듯한 옷차림으로 집을 나섰다. 시간은 이미 40분이 되었
다. 부랴부랴 택시를 타고 역전에서 하차하여 역사 3층으로 올

라갔다. 그리고 나에게 걸려 온 전화번호로를 눌렀으나 응답이 없다. 나는 다시 걸었고 잠시 후 받았다.

"선생님. 저 지금 역사 3층 개찰구 앞에 있습니다."

그러자 답변이 왔다.

"여기는 아랫층인데요."

"그러세요…… 남광장인가요 북광장인가요."

"선생님. 그러면 다시 3층으로 올라오세요."

그것이 제일 현명한 대답이었다. 그런데 그때 어디로 올라가야 하냐고 묻는 소리가 들렸다. 나는 통화를 끊고 기다리고 있었다. 조금 있다가 다시 걸었다. 벨소리가 어떤 노신사의 손에 들려있는 휴대폰에서 울렸다. 다가가서 물었다.

"선생님이 조금 전에 전화하셨나요? 제가 ○○○입니다."

"아! 그래요. 맞아요."

"그런데 저에게 무엇이 꼭 만나야 하는 일인가요?"

하고 물었다. 투박한 경상도 사투리로 대답한다.

"식사 한 번 하려고요."

"그러면 제가 다른 식당에는 가본 적이 없고요. 우리 동네에 있는 꼭 필요할 때만 가는 식당이 있는데요. 그곳으로 가시

죠."

"제가 육식을 전혀 못해서 그 식당으로 갑시다. 점심시간이
되어서 시장하실 테니 아래 내려가서 택시 타고 갑시다."

그분은 내가 알아서 접수해야 하니 북광장 쪽을 가리키며 그
쪽으로 가자고 했다.

"무엇을 알아보셔야 하는데요?"

그때 대답은 버스킹 공연하려면 허가받고 접수를 해야 하니
어디에서 접수를 해야 하는지 찾아보신다고 하셨다.

"선생님. 저는 거동이 불편해서 도와드릴 수가 없네요. 식사
를 끝내고 천천히 알아보세요."

하고 택시를 타러 내려갔다. 왜 택시를 타냐며, 버스는 어디
에서 타냐고 하셨다. 택시를 타면 기본요금만 나오고 둘이 버
스 타나 택시 타나 거의 다를 바가 없다고 했다. 그분은 앞자리
에 나는 뒷자리에 앉아서 말도 몇 마디 안 했는데 거의 다 왔
다. 재빨리 카드결제를 하려 기사께 드렸더니 그분이 결제하신
다.

"기사 선생님. 제가 먼저 내밀었는데요?"

"요금은 언제나 앞에 타시는 분이 내시게 마련이지요."

라며 한바탕 웃으셨다. 우리는 조금 서먹한 가운데 식당으로 들어갔다. 재빠르게 카드결제하고 접시에 음식을 조금씩 담아 들고 자리에 앉았다. 어색한 분위기는 여전했다.

오늘은 토요일이어서 손님들이 뜸했다. 평일에는 줄지어 기다려야 해서 오래 앉아 있을 수 없는데, 오늘은 조금 천천히 식사하면서 이야기해도 되었다.

처음 만난 노신사와 식사를 한다고 생각하니 웃음만 나온다. 그러나 어쩌랴. 내가 먼저 말을 꺼냈다.

"무슨 일로 저를 보자고 하셨나요?"

그분이 말했다.

"지금 나이가 어떻게 되세요? 교수님이 제 나이랑 비슷할 거라고 하시던데요. 몇 살입니까?"

"아, 그러셨네요. 선생님께서 보신대로 입니다. 지금까지 제 입으로 알려드린 적이 없어서요. ○○○ 교수님도 모르시고 그냥 '누님'이라고 하십니다."

라고 그분께는 미안하지 않도록 그렇게 대답해 드렸다. 다음에는 직업을 물었다.

"평생 동안 어린이들 교육사업을 했어요. 지금은 큰 수술을 많이 해서 모두 정리하고 건강에만 신경 쓰고 있네요."

"그럼 선생님은 무슨 일하세요?"

"저는 지금 회사 다녀요."

"그러세요."

"그런데 기다리고 있어요. 자리가 나면 들어가려고요."

"그러면 사모님께서 일하시나요?"

"이혼했어요. 좋은 사람 있으면 소개해 주세요."

"그러세요. 그러려면 쌍방에 속임없는 자기소개가 있어야 하지요."

대략 학벌, 직장, 재산, 가족사항 등등 이혼의 조건. 이러한 신상문제가 중요하다고 하고 어느 대학 나왔냐고 물었다.

"그건 왜요? 서울에 있는 ○○대학교 사회복지학과 4년제 그리고 같은 학교 같은 학과 석사과정을 마쳤습니다."

"선생님. 재혼은 생각을 많이 하시고 결정하세요. 쌍방이 같은 상처를 겪고 아픔을 알아 본 사람끼리 하신다면 남은 인생길이 행복할 것 같아요."

"나는 처녀를 원해요. 혼기 놓친 나이 많은 처녀 말입니다."

"그건 좀 위험한 생각 같네요. 재산 보고 왔다가 결혼생활하면서 재혼남과 처녀의 생활습관부터 다르고 살아온 환경도 다르고 성격, 생각하는 마인드가 다르다 보니 자식도 없이 무엇을 기대고 의지하며 남은 인생을 설계하며 참고 살는지, 생각하면 그 연세에 대단히 위험한 생각이 듭니다."

"아니죠. 영화배우 ○○○은 처녀와 장가들어서 지금 70세가 넘었는데도 아들을 낳았어요."

"그래요. 제 생각과 선생님 생각이 다를 수가 있으니 선생님의 인생은 선생님이 결정하시는 것이 정답이지요."

그럭저럭 이야기를 주고 받으며 식사를 마치고 식당을 나와 인사하고 헤어졌다.

가족 없는 팔순생일잔치

지금까지 살아오면서 나이를 의식해 본 적이 별로 없다. 어느새 나의 지나간 계절이 80번이나 바뀌는데도 관심이 없었다. 그런데 내 나이가 팔십이라는 것을 알고 보니 웃음만 나온다. 몇 년 동안 큼직큼직한 일들이 세상을 힘들게 하였다.

그중에 '코로나19'를 말하지 않을 수 없다. 갑자기 보지도 듣지도 알지도 못하는 지독한 병균이 초청도 안 했는데 나타나 지구촌을 벌벌 떨게 만들었고, 죽음의 공포의 도가니로 만들었다. 대책없이 고스란히 당하고 있는 세상은 몇 가지 수칙을 만들고 지키라고 했다.

　일상에서 지켜야 할 수칙은 외출 시 마스크 착용, 사람들이
모이는 곳 삼가하기, 각종 행사에 가지 않기, 모든 단체가 움직
이는 곳은 금지, 밖 출입시 손씻기, 그야말로 숨도 제대로 쉴
수 없을 정도의 모든 생활은 모두 멈춰버린 상태이다.

그런데 특히 주목해야 할 일이 있다. 노인들은 절대로 바깥 출입을 금하고 집안에만 있으라고 했다. 괜히 다니다가 코로나 19라도 걸려서 죽는다면 개죽음을 면치 못할 뿐만 아니라 상 갓집에 조문객조차 오지 않으니 노인들은 그저 집안에서만 소

일하는 것이 맞는 일이다.

 장농을 뒤져서 안 입은 옷들을 리폼하면서 지냈지만 그것도 한계가 있었다. 그래서 옛날에 써왔던 일기를 발견하고 과거 속으로 여행이나 하기로 마음먹고 과거 여행을 쓰기 시작했다.

 그런데 지구촌을 무법천지로 죽음의 공포를 만들며 끝날 것 같지 않던 그 무시무시한 괴물 같은 보이지 않는 시체도 물러갔다. 다시 평온한 일상에 돌아왔지만 그 후유증은 금방 회복되지 않은 채 경제, 문화, 사회, 종교, 학회 모든 것은 정상으로 회복되지 않았고, 국회나 위정자 모두는 당리당략에만 눈이 어두워 국민들의 눈살을 찌푸리게 하고 있다.

 코로나19가 오기 전부터 어깨, 척추, 인공관절, 경동맥 등등 큰 대수술을 했고, 코로나19를 겪으면서도 계속되어 너무 많은 투병 생활에 지쳐있었다. 이제야 코로나19가 돌아간 다음 도우미의 도움을 받으면서 조금씩 걷고 운동도 하루에 30분은 체육관 뜰에 있는 운동기구에 의해 꾸준하게 운동을 한 결과 3년째 홀로 서게 되었다.

그래서 동네 문화원으로 가서 전통궁중요리반에 등록하였다. 자리에 앉아있는 것 자체만도 행복했다. 한 조에 4~5명으로 반이 편성되었다. 다행히도 우리 조는 모두 나를 염려하여 힘든 것은 빼고 쉬운 것만 자리에 앉아서 하시라고 배려했다. 강사님 조영희 교수께서 꼼꼼하게 준비하여 교육을 쉽고 이해하기 빠르게 적응하도록 수업을 잘 이끌어 주셨다.

지금에야 말이지만 나는 그 전에 하선정에서 조리를 배웠고, 지금 부천 세종학원에서도 배웠기에 음식을 다루는데는 별로 불편함이 없다.

두 번이면 어떻고 세 번을 배운다 해도 나에게는 그저 그 자리에서 같이 웃고 먹고 앉아있다는 자체만도 행복이었다. 가끔 한 번씩 집에 있는 반찬을 한 가지씩 가져와서 식사하는 시간이 있다. 나도 한두 가지 가지고 간다. 교수님은 나에게 음식의 달인이라고 추켜세운다. 그럴 때마다 조금은 미안하지만 참 많이 배웠습니다. 라고 하며 분위기에 찬물을 끼치지는 말아야 한다는 것을 철칙으로 안다. 그러실 때마다 "잘 가르쳐 주시니 모두가 교수님의 은덕입니다." 하며 한바탕 웃어본다.

한번은 강원도 산에서 캔 산더덕이라고 할머니께서 파는 커다란 더덕을 조금은 비싸지만 사서 잘 다듬어 더덕장아찌를 담았는데 그것을 가지고 갔더니 모두가 대환영이었다. 먹는 것을 보기만 해도 행복했다. 정말로 왕언니는 음식의 달인이시라며 해주었다.

다음 시간 용기에 정성껏 담아서 메모 한 장 붙여 남몰래 드렸다. 누가 학생이 감히 선생님께 드릴 용기가 날까요. 이미 나는 인정받았으니 맛있게 드실 줄로 믿었기에 감히 드렸던 것이다. 다음날 상 위에 얹어 있는 나의 솜씨 더덕이 상에서 나를 보고 웃고 있었다. 식구들이 맛나게 잘 먹고 있는 것을 보았다. 고맙습니다. 오늘도 나는 살아있음을 실감하는 순간 너무나 행복하고 감사했다.

그런데 7월 하순 다음 주에는 대학병원에 정기검진이 있다. 걱정이 된다. 만약에 두 시간씩 수업하는 것이 무리라면 아직은 시기상조라 멈추라고 하시지나 않을까 걱정이 된다. 다음 주만 지나면 그동안 행복했던 모든 아우들에게 무엇이라도 해주고 싶었다. 시장에 갔다. 닭 열다섯 마리와 찹쌀, 인삼, 대추,

은행, 양재 등을 샀다. 정성껏 손질하여 몇 시간 푹 삶았다. 다음 수업시간 전에 우리 조에게 전화했다. 수업시간 전에 차 가지고 오라 했더니 깜짝 놀라서 모두 왔다.

"무슨 일이세요?"

"내가 한 번 해서 먹이고 싶어서……"

"몸도 성치 않으신데 왜 이렇게 준비하셨어요."

아우들은 두들통을 차에 싣고 먼저 출발시킨 후 뒤따라 갔다. 그날 수업이 시작되고 조금 있으려니 교수님께서 오늘은 수업을 조금 일찍 마치고 만찬이 있겠으니 모두 참석하라 하셨다. 그렇게 수업이 끝나고 교수님은 말씀하셨다.

"오늘 왕언니가 한턱 내실거예요. 왕언니가 직접 한 그릇씩 떠주세요."

"어머, 웬일이니…… 왕언니는 통도 커라. 두 사람이 한 마리씩 먹어도 될 텐데……"

그렇게 모두가 맛나게 먹는 것을 보니 육식은 못해도 만드는 것은 자신이 있다. 너무 행복했다. 그리고 마음속으로 말했다.

'여러분 그동안 만나서 나는 참으로 행복했다오. 사랑합니다. 이것은 나의 팔순 생일을 여러분들과 자축하고 싶어서 내

가 만든 나의 생일상이랍니다. 동안 고마웠어요.'

　행복한 시간이 끝나고 먼저 집으로 돌아왔다. 뒤이어 아우들이 씻은 그릇을 가지고 왔다. 침대에 걸터앉아서 오늘 있었던 일들을 말했다. 그중에 유난히도 나를 아끼는 소희는 자식 같은 존재다.

　"언니. 왜 그러셨어요…… 몸도 안 좋은데요."

　다음 주 병원에 가는데 두 시간 수업을 한다면 그런 수업을 당장 중단하라고 하실 것이 뻔해서…… 그래서 금년이 80 생일을 내가 좋아하는 우리 전통궁중 요리 전원들과 자축하고 행복하게 미련없이 헤어지고 싶어서…… 정성껏 준비한 것이라고 하면서 보여줄 것이 있다며 쥬얼리 티셔츠를 가지고 나왔다.

　"이것은 롯데백화점에서 산 것인데 외국산이 아니고 국산품인데 50% 세일하길래 9벌 다 샀지. 그리고 우리 선생님들 주고 남아서 오늘 아우들에게 주는 거야. 예쁘게 입어요."

　"잘 입을게요."

　그렇게 오늘도 행복했다.

다음 나만이 아는 마지막 수업 날 수업이 시작되었다. 조금 있더니 교수님께서 말씀하신다.

"오늘도 조금 일직 끝내겠어요. 한 사람도 가지 마세요."

수업이 끝나고 나만 모르는 무엇인가 분주했다. 조금 있으니 만찬석에 케익이 등장했고 상석은 비워져 있는데 왕언니께서는 상석에 앉으라 하셨다. 영문도 모른 채 그 자리에 앉으니 케익에 꽂힌 촛불이 켜지고 모두가 손벽을 치며 좋아했다.

"왕언니의 팔순생일을 축하합니다. 왕언니. 팔순생일 축하드려요!"

촛불을 끄는 순간 박수소리가 문화원을 뒤흔들었다. 누가 말했다. 문화원이 생기고 전무후무한 일이라며 왕언니는 복이 많다고. 나도 답례로 노래 하나 선사했다.

"저 멀리 동해바다 외로운 섬 오늘도 거센 바람 불어오겠지. 조그만 얼굴로 바람 맞으며 독도야 간 밤에 잘 잤느냐. 와……"

그때 우리 조 아우들은 내가 준 쥬얼리 티셔츠를 입고 줄지어 걸어나오면서 패션쇼가 진행되고 한쪽에서는 촬영하느라고 법석이고 관객들은 (다른 반) 박수 치며 히히- 호호- 시끌벅적 문화원을 흔들었다. 나는 꿈을 꾸는 것 같았다.

가족이 없는 나의 팔순잔치는 매우 훌륭했다. 전통궁중요리반 여러분의 사랑에 감사드립니다. 그리고 우리 조와 나의 천사 소희 사랑해요.

행복한 팔순잔치를 마치며 베트남 '틱낫한 스님'의 행복을 찾는 어록이 생각이 났다.

"지금까지 당시의 행복에 꼭 필요하다고 생각해온 것들을 모두 포기하시기 바랍니다. 그것이 사람일 수도 있고, 주택일 수도 있으며, 그것이 사랑일 수도 있습니다. 그러면 행복할 수 있습니다. 그런 것을 뒤로 버리고 더 이상 그런 것에 희생되지 않는 것이 아마 행복의 조건이 될 것입니다."

옛말에 화복문무 유인소소(禍福門無 唯人所召)가 떠오른다.
"인간의 행복이나 불행은 드나드는 출입문이 따로 있는 것이 아니다. 오직 사람의 마음가짐에 있어 화복은 사람이 불러들이는 것이다."

꽃잎이 휘날리는 봄날

대한민국 경기도 부천 소사마을. 시민을 위한 아름다운 복사
꽃 삶의 향연 예술제가 열렸다. 부천시민이면 누구나 자유롭게
참여하여 축제를 즐길 수 있는 행복하고 아름다운 삶의 축제
한마당. 가녀린 입가로 한 편의 시가 읊조려진다.

봄님 찾아와
창문 두드린다
어서 나와
함께 나와 같이
꽃마중 가잔다

움크리고 잠자던 모든 초목들도 잠에서 깨어나 기지개 펴고 이슬에 머리감아 예쁘게 단장하고 연분홍 샛노란 각양각색으로 치장하고 저마다 새옷으로 갈아입고 그윽한 꽃향기 뿜어내며 눈부신 자태를 드러낸다.

꽃향기 봄바람에 가득히 실어 날리니 어디선가 은은히 들려오는 한가닥의 기타 소리. 윙- 윙- 윙-

벌님이 기타를 치고 나비가 춤을 추며 날아오는 행복한 길목에서 들려오는 휘파람 소리.

새들이 노래하고 벌나비가 춤을 추며 꽃향기 가득한 대자연이 함께 하는 소사마을 복사꽃 아름다운 삶의 향연 예술제가 모두 함께 하는 최고의 지상낙원이어라!

문득 지난 19세기 맑은 영혼으로 우리에게 '인연' '은전 한 닢' 등 아름다운 문장을 남긴 금아(琴兒) 피천득 교수의 '5월'이란 시가 생각이 난다.

신록을 바라다 보면
내가 살아있다는 사실이
참으로 즐겁다

내 나이를 세어 무엇하리.
나는 지금 오월 속에 있다.

자연의 꽃이 지는 것도 가지가지이다. 옥매화와 개나리는 새
잎이 파랗게 돋아날 때 지지 않고 누렇게 빛이 바래 측은함을
보여준다. 선뜻 자리를 내어주지 못하고 앙탈을 부리는 것이
다. 우주질서를 어기는 듯하다.

모란이나 설토화 같은 꽃은 꽃이 질 때는 미련없이 우수수
무너진다. 화무십일홍(花無十日紅)처럼 자기 분수를 알고 깨끗
이 자리를 내어준다. 시원스런 거취는 대장부의 기상과 같다.
인생은 끝을 맺음이 아니라 새롭게 생을 다시 시작하는 환생의
이치를 알게 해준다. 이처럼 각기 다른 자연의 이치를 보면서
미려한 인생에 대하여 생각할 점이 많다.

아름다운 자연은 신의 최초의 신전이었다고 한다. 경기도 부천 소사마을 아름다운 복사꽃 삶의 향연 예술제를 향유하면서 자연의 아름다움을 찬미하였다.

어머니의 기도

주님이시여!

주 나의 하나님께서 하시고자 하시니 누가 감히 막을자 있으리오. 주님이시여. 황무지 같은 매마른 이 땅에 주님의 몸된 성전을 세우시려고 계획하시며 무지하고 보잘것없고 가난한 과부를 선택하시사 위대한 크신 사명을 맡기심을 이 목숨 다하여 순종하겠습니다.

주님이시여!

죄 많은 이 못난 과부가 주신 사명을 안고 동서남북 발길이 가는 곳마다 동전 한 닢 쌀 한 되박 장사하여 모아 놓고 밤마다 빈터에 무릎꿇고 통곡하며 기도하옵나니. 어찌하오리까. 가르쳐 주옵소서.

주님이시여!
명예도 권세도 재물도 없는 과부가 무엇으로 성전을 세우라고 선택하셨나이까!

주님이시여!
사방을 둘러봐도 도움이 어디서 오며 사람들은 나를 보고 수근거리고 비웃나이다.

주님이시여!
나에게 주신 땅에 기초를 파고 청년들은 밤마다 모여서 남자는 지게로, 여자는 메꾸리로 사방에 다니면서 돌을 이고 지고 주어날라 짚을 썰어 흙에 섞어 쌓아올린 사이에 기둥을 세우고 대나무로 엮어올린 위에 흙으로 쳐서 바르니 벽이 되고 조금씩 형식이 갖춰지지만.

주님이시여!
어찌하오리까. 문도 달고 마루도 놓고 지붕도 올리고 창틀도

세우고 창문도 해야 하는데 무엇으로 어찌해야 하나요.

주님이시여!

집에서 각자가 기르는 대나무, 소나무, 수수나무 이고 지고 날라다가 썼지만은 이제부터는 돈이 있어야 하건만 주께서는 모르는 체 보고만 계시려나이까.

주님이시여!

성전이 건축을 중단된다면 얼마나 손가락질하며 비웃고 주님의 이름을 망령되이 이르겠나이까.

주님이시여!
나의 무릎은 이미 낙타의 무릎이 되었나이다. 언제까지 바라만 보시려나이까. 사람을 통해서 역사하시는 주님이시여. 차라리 헌신해 권사님께 내리신 은사를 저에게도 내려주시옵소서. 목이 터져라고 콧물 눈물로 불렀더니 불쌍히 보시사 나에게도 성령의 뜨거운 불길로 임하심을 감사하나이다. 동서남북에 귀신들린 자를 놓임받게 하시고 각색 병든 자들을 고치시고 그들이 고침받고 귀신이 쫓겨나가니. 주 우리 하나님께 감사와 찬양과 경배와 모든 영광을 돌려 드리나이다.

주님이시여!
주님이 역사하심으로 성전은 완성되고 과부의 눈물을 깨끗이 씻어주시니 원수들도 모두 잠잠히 물러갔나이다. 모든 영광 홀로 받으소서.

이 세상과 어머니를 저울에 단다면 아마도 어머니 쪽으로 무게가 더 기울어졌으리라는 생각이 들었다.

오빠의 사망 소식

2024년 10월 17일(토)(음력 9월 15일).

오후 3시. 오빠가 돌아가셨다는 소식이 왔다. 모신 곳은 홍익병원 장례식장 1호실이다. 전화를 받는 순간 허공만 바라보며 말문이 막히고 가슴이 아팠다. 눈에서는 뜨거운 눈물이 흘러내린다. 오빠를 생각하면 오빠는 외롭고 불쌍한 세상을 살았다.

오빠 나이 여섯 살이고 나는 어머니 배 속에서 아홉 달이 되었을 때 오빠의 손목을 잡고 평양에서 충남 서천군 서면 신합리 아버지의 고향이신 댁으로 오신 것이다.

그때 어머니는 5대 진사 댁 막내딸로 유복한 가정에서 귀하게 자랐고, 아버지 고조께서 병조판서, 증조할아버지께서는 진사를 지내신 가정에서 자라 청년회 단장을 하셨다. 이범석 장군님과 김구 선생님의 독립운동가의 일환으로 아버지께서 맡으신 임무는 군자금을 만들어 본부에 조달하시는 역할이었다.

아버지는 만주로 상해로 다니시면서 장사를 하여 모은 돈을 본부에 조달하는데 다른 사람들에게 들키면 안되는 위험한 일이었기에 어머니가 도와드려서 부부가 같이 하니 누구도 의심하지 않고 무난하게 임무를 수행할 수 있었다고 하셨다.

아버지는 계속해서 나가 계셨고, 어머니는 나를 출산하시고 집안 일도 어머니가 꾸려 나가셨다. 그 후 3·8선이 막히고 아버지께서 빨갱이들에게 붙들려가서 학살당하셨다. 어머니는 10살, 5살, 2살 3남매를 먹여 살리기 위해서 온갖 고생을 하셨고 오빠는 이북에서 왔다고 하여 놀려대며 싸늘하게 대하는가 하면 똑똑하기까지 하니 완전 왕따를 당했다.

오빠가 중학교에 다닐 때 어머니가 교회 짓는 그 속에서 오빠도 청년들 틈에서 흙을 이고 물통으로 물을 길어 나르고 흙

손으로 벽을 바르는 등 어머니를 돕는 일이라면 맨발로 도와드렸다. 교회 건축이 완공되고 어머니는 더 이상 시골에서는 아이들의 교육이 안되니 서울로 가자 마음먹고 무작정 상경한 곳이 서울특별시 영등포구 양평동 4가 16번지 둑 밑 판자촌이었다. 어머니는 교회를 잘 맡겨놓고 집과 논을 판 돈으로 겨우 판잣집 두 칸짜리 집을 샀다.

그때부터 어머니는 미8군 군부대에서 안락의자에 씌울 커버 미싱사로, 오빠는 목수 일로 취직이 되었고 그 후 영어회화를 잘하고 목수 일 또한 잘하여 해외로, 건축 일에 영어가 능통하고 기술이 대목이라고 현장감독으로 몇 년씩 집을 떠나 해외로 다니시며 외롭게 청춘을 보내셨다.

그러고 보니 살가운 친구도 없고 노년에 치매가 빨리와 몇 년 동안을 외롭고 쓸쓸하게 지내시며 나 좀 집에 데려가 달라며 집에 가고 싶다고 큰아들은 들어주지 않은 채 마지막 기억까지 잃고 쓸쓸하고 외롭게 떠나셨다.

오빠는 아들이 셋, 딸이 자매 그렇게 5남매를 낳아 오빠의 희생으로 잘 길러 내셨다. 장례식장에는 많은 화원이 줄을 이었고, 조문객이 끊이지 않았고 오빠는 외롭고 쓸쓸하게 고생만 하시다 가셨는데 자식들은 큰 회사에 든든한 위치에서 일하며 아들들이 자기들의 자리에서 자기 일을 잘하며 감당하고 있음이 증명한 자리였다.

아, 죽음 그것이 도대체 무엇이던가?

희랍신화의 3인의 여신(女神)이 있는데 하나의 여신은 우리의 각자의 생명에 줄을 짜고, 두 번째 여신은 우리 각자의 생명에 길이를 작정하며 세 번째 여신은 가위로 우리 각자에 생명에 줄을 자른다고 했다. 오빠는 과연 세 여신의 어느 정점에 다달았는지요.

철학자 '데이비스'는 인생은 어부(漁夫), 시간은 강물이다. 하지만 인간은 그곳에서 낚는 것은 오직 한 줌의 흙일 뿐이라는데 이제 흙으로 돌아간 오빠.

이제 어머니가 계신 곳에서 편히 쉬세요. 오빠의 명복을 빕니다.

새 일을 준비하시는 창조자

보라 내가 새 일을 행하리니 이제 나타낼 것이라. 그것을 알지 못하느냐. 정녕 광야의 길과 사막의 강에 내리니 이 백성은 나를 위해 지었나니 나의 찬송을 부르게 하려 함이니라. (이사야43:18-21)

그러시면 60년 전에 기이한 이상을 나에게 보여주신 그것은 이러했나이다. 그날 나는 뜨락으로 나와 호수를 바라보고 있을 때 갑자기 호수 가운데서 물이 요동치고 그 속에서 커다란 용 한 마리가 솟아나오더니 하늘로 꼬리를 흔들며 올라가더니 해 맑은 커다란 둥근달이 둥실둥실 떠오르더니 나의 머리 위에서 멈추었고 그때 대한민국 태극기가 달에 꽂히고 맑고 찬란한 빛을 온 천하에 비추며 태극기는 힘차게 펄럭이었나이다.

온 천하는 형용할 수 없이 찬란한 빛이 가득하였나이다. 신기하고 놀라운 상황 속에 사방에는 구름떼 같은 수많은 군중이 하늘을 향해 천둥 같은 소리로 아멘 아멘 하며 화답하였나이다.

너무나 신기한 일이 꿈인지 생시인지 놀라운 사실을 모두 다 어머니께 말씀 드리니 대답은 이러셨습니다.

"창조자 주 하나님께서 네가 효심 깊고 정직함을 보시고 장차 네 몸에서 태어난 후손을 통하여 반드시 새 일을 행하시려고 보내주신 예고인 것 같구나. 이런 일을 절대로 다른 사람에게 말하지 말아라. 때가 되면 반드시 다 이루시리라. 네가 할 일은 무언 겸비 기도하는 마음으로 마음과 몸가짐을 단정히 하고, 음란함과 사치와 이간과 탐냄과 성냄 그리고 욕심을 삼가서 지금처럼 너의 마음에 그릇을 깨끗이 간직하면 그 안에 성령이 거하시리라."

　나는 다짐했다. 만약에 나에게 자식을 주신다면 어머니께서 말씀하신 덕목을 잘 지키며 아이들이 보고 듣고 스스로 실천하도록 하리라.

　결혼하고 첫째 아들을 얻었다. 남편은 시아버지께서 피난 나와 사시며 호적을 늦게 올리셔서 아들이 첫돌을 지나고 군에

입대하여 36개월을 제대하고 돌아올 때까지 나는 돌배기 아들을 등에 업고 밤마다 눈물로 기도했다. 목적은 남편이 탈영하지 말고 임기까지 군생활 잘하고 돌아오기만을 하나님께 눈물로 밤마다 기도드린 덕분에 무사히 제대하고 돌아왔다.

나는 2~3년마다 이사해야만 하는데도 절대로 교육만은 유치원 교육부터 기초를 단단하게 하여야 든든한 교육의 토대를 만들기 위함이라고 믿었다. 이웃들은 수근거렸다. 먹고 살기도 힘들고 집도 없는데 무슨 유치원이냐고 했다.

집이 없고 생활이 힘들다 해도 교육과는 바꿀 수 없는 기회를 놓치고 싶지 않았다. 식물도 정성에 의해 주인에게 보답한다. 하물며 사람이겠는가. 아들은 잘 성장해 주었다. 그리고 가정을 만들어 아들을 낳았다. 아들은 손자 둘을 데리고 넓은 땅 호주로 이민 길에 들어갔다. 아들의 아들도 가정을 갖게 되고 아들을 낳았다. 그동안 어머니는 돌아가셨다.

나도 80세가 되었는데 아직까지 60년 동안 지금까지 간직하며 살아왔지만 내가 죽기 전에 자식들에게 알려드리고 만약에 후손들에게 어떤 일이 생겨도 지켜보며 도와주기를 부탁하려고 지면을 빌어 입을 열었다.

주님의 나라에서는 하루가 천 년 같고, 천 년이 하루 같다고 알고 있습니다.

저에게 보여주셨던 그날이 60년이 지났고 어머니도 가시고 나도 오라 명하시면 가지고 놀던 장난감 다 놓아두고 가야 하는데 정녕 나의 생애에서는 못 본다 해도 새 일을 행하시려는 그때가 언제인가요. 하나님께서 주신 선물 이현우. 증손자가 아닐까 조심스럽게 생각해 봅니다. 그 아기는 용띠 해에 용날 용시에 세상에 왔는데 그 또한 몸에 예사롭지 않은 심장에 기형을 가지고 왔습니다.

세상에 나온 지 한 달 만에 작은 핏덩이가 가슴을 열고 의사들의 칼을 받아야만 하는 엄청난 수난을 고스란히 아기의 몫이되어야 한단 말인가요. 생각하면 늙은 할미에 가슴속 깊이 비수가 꽂힌 듯 후벼 도려내는 아픔이 주름만 가득한 눈가에 뜨거운 눈물이 마르지 않나이다. 한 번도 아니고 한 달 동안에 두 차례나 받았고 5개월 후 또 한 번 그리고 5년 후 마지막 수술이라고 하나이다. 엄청난 수난을 아무것도 모르는 아기가 견디고 버텨내야 한다는 생각을 하면 피가 마를 것 같나이다.

내가 그나마 할 수 있는 것은 밤마다 주님께 현우를 위하여 기도드리는 일입니다. 주님께서 내 가정에 현우를 보내주셨으니 마지막 수술까지 잘 극복하고 일어나 주님께 찬양드리게 하옵소서. 예수 그리스도께서 이 땅에 오셔서 만민의 죄를 사하시고 죄에서 구원시켜 하나님의 백성이 되게 하셨나이다. 피흘려 죽으심으로 그 대가로 우리는 죄에서 해방 받고 하나님의 자녀가 되었나이다. 주님과 현우는 닮은 꼴이 있습니다.

세상에 나온 지 한 달 된 핏덩이가 죽음을 불사하고 피를 흘리사 가족에게 효를 가르치고 있나이다. 그것은 한 해가 다가도 전화 한 통 없던 자식들이 현우를 통하여 소식을 전해주니 현우 증손자는 세상에 나오면서부터 가족에게 화목을 만들어주고 효도하는 복된 자손임에는 틀림없습니다. 건강하게 잘 자라서 주님께서 새 일을 행하실 때에 쓰시려는 재목으로 훈련받는 특전사가 받는 과정이 아닌가 싶습니다.

세상에 나오자마자 순탄치 않은 최악의 연단이 예상치 않음을 주님의 특전사로 쓰시기 위함이 아닌가 조심스럽게 자문자답해본다. 주님께서 쓰시려면 다윗과 같이 쓰임받으려면 먼저 지혜가 충족하여 智·情·義를 모두 갖춘 완전하고 건강하여 하나님 마음에 합한 자로 사람에게도 인정받을 수 있기를 간절히 원합니다.

주님께서 때가 되면 반드시 새 일을 이루신다고 하신 그때는 그분만 아시고 계시니 언제나 그날을 위하여 끝까지 기도하며 나는 기다릴 것이다.

제5부

시와 노래

인간의 행복이나 불행은
드나드는 출입문이 따로 있는 것이 아니다
오직 사람의 마음가짐에 있어 화복은 사람이
불러들이는 것이다

완행열차와 식모살이

서울행 완행열차에
몸을 싫었다

기적 소리와 함께
완행열차가 달려간다

차창가에 그리움만
삼키면 바라다본다

풍경들이 빠르게도
지나간다

어머니가 보인다
두 손을 흔들며

바라다보신다

어머니
나 안 갈래요

당장 뛰어
내리고 싶다

완행열차는 내
마음을 아는지

모르는지 달리는
완행열차가

한없이 야속하여
눈물만 하염없이
흘러내린다

식모살이 20일 되던 날

20일 만에 오빠가
다시 데리러 왔다

학교에 가니
"성자 왔네!"

친구들이 반겨준다

선생님께서도 많이
걱정하셨다고 하시며
손을 꼭 잡아준다

큰댁 큰언니 시집가던 날

꽃단장 곱게 하고
온 동네 잔치

오늘은 언니가
시집가는 날

모든 잔치가 끝나고
형부를 따라서

언니는
형부댁으로 가셨다

삼 일 후 형부와
언니가 오셨다

저녁식사를 마치고
형부께서 건너오셨다

처제는 형부를
어떻게 생각해요?

형부는
어머니가 그러시는데요

학식과 인격을
모두 갖춘 보기 드문

최고의 신랑감
이라고 하셨어요

우리 언니는
우리 동네에서

인물 좋고 얌전한

최고의 신부감이래요

그래서 형부를
만났을까요?

그래요 맞아요
그런데요

형부보고 '도둑놈'
이라고 하나요?

아~
그것은 하하하

내가 언니를 데려
갔다고 그러는 거예요

아~ 그러면
형부는 '도둑놈' 아니네요!

아~ 다행이다
우리는 마주보며 웃었다

그날 밤
동네 청년들이 몰려왔다

형부 두 다리 꽁꽁 묶어
천장에 매달아 놓고

방망이로 발바닥을
때리면서 '도둑놈아'

새색시 내어놓아라
새색시 내어놓아라

아이구 사람 살려요
사람이 죽어요(형부)

구경꾼들 하하 호호

배꼽 빠져라 웃는다

늦은 시간 모두
집으로 돌아갔다

부슬부슬 비 내린다
아침이 되니

천둥 번개 동반한 빗줄기
세차게 쏟아진다

점심식사가 끝날 무렵
잠깐 비가 멈추고

형부는 언니를
데리고 서둘러

대문을 벗어나
댁으로 가셨다

그 나라를 아시나요

그 나라를 아시나요
해와 달과 별이
없는 나라

하나님 영광으로
광명하고 찬란한 나라

그 나라를 아시나요
정금 보석들 꾸며진 나라

그 나라를 아시나요
걷지 않고 다니는 나라

눈빛과 무언으로

대화하는 나라

그 나라를 아시나요
때와 공간 초월하는 신기한 나라

그 나라를 아시나요
흰옷 입은 천군 천사

아멘~ 아멘
찬양과 경배하는 나라
그 나라를 아시나요
생명의 면류관 받아쓰고

왕과 함께 천 년을 왕 노릇하며
살아갈 나라 하나님의 나라를

그 나라를 아시나요
빈부 귀천이 꼭 가는 나라

세상 살아 갈 때
행한 대로 보은 받아

상과 벌을 받는 나라
영원히 살아가는 그 나라

정금과 각색 보석으로 꾸며진 나라
그 나라를 아시나요

고추와 강낭콩

그 아이는 오늘
집에 온다고 했다

전화 안 받아서
궁금하여 온다고 했다

그 아이는 내 친구
옥년 동생

어릴 적 물동이
같이 물길어 주던
단짝 친구 동생

오늘은 두 번째다

지난번에도
시골 갔다가
구은 김을 사가지고
왔다고 먹고
밥맛이 빨리 돌아
오기를 바랬다

오늘은 처가에서
보내 주었다고
제비알 같은
강낭콩과
보라색, 노랑색, 청색
고추를 조금씩
비닐 봉지에 넣어
올망졸망 담아왔다

누나 내가 먹어보니
맛있어서 누나도
밥에 놓아 먹고

밥맛이 돌아와서
빨리 건강했으면
얼마나 좋겠느냐고 했다

그 아이를 보면서
일찍이 저 세상으로 간
친구가 생각났다

일찍 와서 항아리
같이 물길어
채우고 젖은
옷소매 그대로
손잡고 학교 가던
둘도 없는 내 짝이 그립다

이제는 같이
늙어 머리들이
백발인데도 나에겐
일곱 살 아이로만 보인다

돈 주고도
살 수 없는 귀한
값진 보배 같은
네 진심 어린 그
사랑의 빛을 너 동생
만진이에게 젖구나

영원히 간직할게
그리고 사랑한다

내 둘도 없는 내 짝
내 친구 옥년아
만진이가 오늘 왔구나

들에 핀 잡초는

그 아이는 절규했다

부모님 이혼 후
두 아이는 (오빠와 여동생)
엄마가 데리고
헤어졌다

아빠가 양육비
한 푼 주지 않았다

우선 친정집에 왔다
넉넉지 못한 정도
세 식구가 늘어나니
그 엄마도 벌어야 했다

직장 근처로 세 식구는
이사하였다

그 아이는 초등학교를
다니는데 아비 없는
아이라고 놀려대고
따돌림을 받았다

초등학교를 졸업하고
그 세 식구는
호주로 외삼촌이 있는
곳에 가서 살기로
하고 떠났다

돈 한 푼 없이
외국에 산다는 것은
생각 이상 힘들었다

오빠 아이들의

외삼촌내도
이민간 지 얼마 안되어
아직 자리도 못 잡았는데?

갑자기
세 식구가 늘어나니
힘든 것은 사실이다

버텨보려고 애를
썼지만 결국 다시
고국으로 돌아왔다
동생은 초등학교에
들어갔지만
오빠는 다시
중학교에 들어가려고
보니 학년이 맞지 않아서
블랙패스하기로 하고 (검정고시)
학원에 입학했다

세 식구는 월세방을
얻어서 친정을 나갔다

다행이 어머니가
운영하시는
어린이집 교사로 일했다

아이는 중고등학교를 과정을
모두 합격했다 (검정고시로)

그리고 중부대학교 (대전)
연극영화과에 합격했다

그 세 식구는 다시
학교 근처 대전으로
이사하고

그 엄마는
롯데유치원에

근무하면서
월세방값 내면서
근~근이 살았다

그 아이는 일단
휴학계를 내고
군에 입대했다
전역하고 복학하는데
우연히 미국에 갈
기회가 생겼다

두 아이를 데리고
넘 힘들었던 탓일까

좋은 사람이 있다고
그곳에 가기로
마음먹고 초청장이 오면
삼월에 떠나기로 했다

그 아이는 일단
휴학계를 내고 다시
가방 하나 들고
외할머니 집으로 왔다

운전은 필수라고
면허증도 준비했다
초청장이 점점
미루어 지더니
팔월이 되어도
오지 않았다

아이는 초조했다
그런데 우연히
엄마가 아빠와
싸우는 소리를 들었다

지금까지 양육비 한 푼
주지 않던 아빠가

네가 책임지라고 했다

엄마는 지금까지
한 번도 십 원 한 푼
도와주었느냐며
지금이라도 아빠가 할
도리를 하라고 했다

고성의 전화는 계속
이어지는데 서로가
아이를 책임지라고 하는
소리를 듣고
할머니 왜 새끼는
낳아놓고 헤어져
우리만 이렇게 갈 곳 없이
떠돌아가며 살아야
하나요 엄마가 불상해요

자기네들은 좋은 집에서

잘 먹고 잘살면서
우리들은 방 한 칸 없어서
떠돌아다녀야 하나요

그것도 아비인가요?
쏟아져 나오는 분노는
화산처럼 폭발하였다
이 세상 떠나고 싶어요

책임지라는 그 사람이
보기 싫어요 그 아이들만 (후처의 자식)
자식인가요 우리는 버림받은
쓰레기인가요 밤늦게까지
분을 못 참고 울고 울었다

할머니가 조용히 말했다
아이야 지금까지 잘 참았는데
조금만 더 참으면
안될까?

미국행도 포기해라
빨리 복학준비하거라
학교에도 친구들에게도
미국 간다 말했는데
어떻게 다시 가요 그래도
한번만 눈을 꾹 감고
견디면 된다

네가 지금 누구를
원망하고 복수하겠다고
한들 눈 하나 깜짝도
안한단다 네가 맺힌
한을 풀려면 먼저
학교를 졸업하고 나서
너만의 잘할 수 있는
기술을 가져라 그래야
네가 당당하게 서서
너에게 고개를 숙이도록
하는 것이 말 없는 복수다

너는 할 수 있단다
그리고 지금까지
힘들었던 과정은
네 앞길을
탄탄하게 만들어 주는
과정이었다면
조금만 더 참고
견디면 네가 받을 수 있는
축복이 있단다

그 아이는 그제야
멈추고 말했다
할머니 내가 돈
벌면 할머니 꼭
모시고 살거예요

고맙구나 내 새끼
할머니가 네 뒤에서
항상 응원한다는

것을 잊지 말고
기죽지 마라

사랑한다 내 새끼
폭풍이 지나간 자리엔
고요함과 평온함이
찾아왔다

늦게서야 잠이 들었다
복학하기 전에 일본에 있는
친구와 만나고 온다고 했다

그 아이는 무사히 다시
학교에 복학했고 나도
사회복지학과 석사
과정을 무사히 마치고
오늘은 졸업하는 날이다

모든 졸업식이 끝나고

학교 마당에서 미선 친구와
사진 한 장 찍으려는데
전화가 왔다

할머니 저 다 끝났어요 (졸업식)
할머니는요?
나도 다 끝났어
할머니 축하드려요
나도 내 새끼 축하해
꽃다발 하나 없고
축하해 주는 이 없어도
오늘이 가장 기쁘고
행복한 날이다

잘 해냈다 내 새끼
이제는 세상을 향해서 높이높이
훨훨 마음껏
날아라 모두가 너의
세상이다

지금은 그 아이가
서울 강남에 잘 나가는
회사에서 연 몇천만 원
벌면서 회사가 알아주는
직원의 한 사람으로 열심히
일하고 있다

장하다 내 새끼 그 어려운
성장통을 모두 이겨내고
어엿한 사회인으로 설 수
있어서 고맙고 내 새끼 사랑한다

시련은 나를 만드는 과정

시련과 아픔을
피하려 하지마라

부딪치고 사노라면
머지 않아 나에게
큰 교훈이 되리라

고이 자란 화초는
힘이 없지만
들에 핀 잡초는 쓰러지지
않는 힘이 있단다

사랑한다 내 새끼

내 나이가 어때서

— 최성자 노래

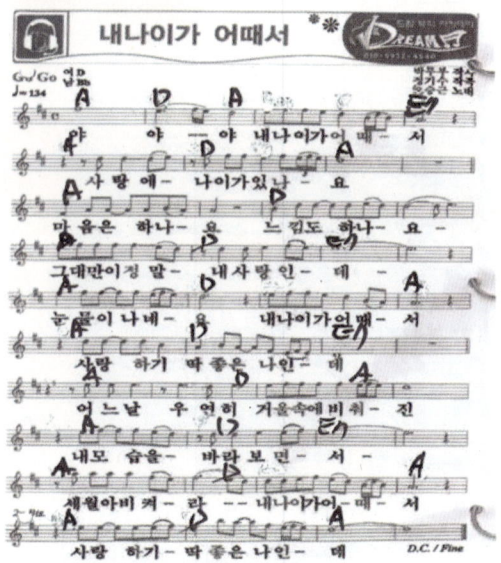

최성자 작가의 산문과 시
『아름다운 인연』

□ **마중물 시**

내 인생 최고의 날
내 나이 78세.
오늘이 나에게 최고의 날!

3학년에서 나의 배움은
끝날 뻔했지만
천신만고 끝에
모든 학문을 끝내고
걸어온 나의 눈물겨운 발자취

나만의 세계를
이 세상에 나오게 되던 그날
너무도 설레고 가슴이 뛰었다

누구에게 전할까?

동생에게 전했다

'나 못 가'

딸에게 전했다
'나 애기보러 가야 해서 못 가'

사촌에게 전했다
'응~~ 가야지'

모두가 시간 내어 와 주었다

박사이자 총장 그리고 나의 스승인

김태성 목사님께서도 바쁘신 와중에
단숨에 달려오셨다

그리고 하나님께 예배드리고
모든 영광을 아버지께 돌렸다

출판예배에 이어 개봉까지 다해주시고
축하 말씀도 잊지 않았다

우리들은 3일 동안 준비한 음식을
나누며 이야기 꽃을 피웠다
그런 사촌들이 내 곁에 있어
고맙고 너무나 행복하다
— 최성자 시인의 시 '내 인생 최고의 날' 전문

1. 최성자 시인의 신나는 활력 청바지

싱그러운 초가을 바람이 기웃거리는 처서(處暑)가 지나고 흰 이슬이 내린다는 백로(白露, 9월 8일)를 며칠 앞둔 계절. 비영리 국가봉사 사회공헌 자립형 문화나눔 민간단체 한국문화해외교류협회 서울경인지회 부천지부 시인 최성자 지부장님.

실제 나이보다 젊어 보이는 중년의 최성자 시인의 시와 산문집 『사랑은 강물처럼』을 출간한 최성자 시인은 신나는 활력의 청바지(청춘은 바로 지금부터) 젊음 자체였다.

2. '그 나라를 아시나요?'

아래는 최성자 시인은 시와 산문집 『사랑은 강물처럼』에 소개된 '그 나라를 아시나요'이다. 함께 살펴보자.

그 나라를 아시나요
해와 달과 별이
없는 나라

하나님 영광으로
광명하고 찬란한 나라

그 나라를 아시나요
정금 보석들 꾸며진 나라

그 나라를 아시나요
걷지 않고 다니는 나라

눈빛과 무언으로
대화하는 나라

그 나라를 아시나요
때와 공간 초월하는 신기한 나라

그 나라를 아시나요
흰옷 입은 천군 천사

아멘~ 아멘
찬양과 경배하는 나라
그 나라를 아시나요
생명의 면류관 받아쓰고

왕과 함께 천 년을 왕 노릇하며
살아갈 나라 하나님의 나라를

그 나라를 아시나요
빈부 귀천이 꼭 가는 나라

세상 살아 갈 때
행한 대로 보은 받아

상과 벌을 받는 나라
영원히 살아가는 그 나라

정금과 각색 보석으로 꾸며진 나라
그 나라를 아시나요
　— 최성자 시인의 시집 『사랑은 강물처럼』 '그 나라를 아시나
　　요?' 전문

　최 시인의 시는 독실한 기독교 정신에 귀의 소소한 일상의
화자를 도입 자연스럽게 풀어가고 있다. 난해하거나 어렵지 않

고 평이한 시어(詩語)가 시나브로 다가오고 있다.

또한 문장의 메타포(Metaphor)가 유연하다. 이는 삶의 현장에서 시심(詩心)을 잃지 않으려는 의지의 소산이다. 오랫동안 시를 다뤄 본 내공에서 비롯된다. 그리고 삶과 자연에서 느끼는 모티브(Motif)를 이분법으로 배치시켜 대비하는 문장 레토릭(Rhetoric)이 좋다.

모든 시에 내재율 행보를 배경으로 치열한 노력이 깃들었다. 고백소회가 처음부터 끝까지 난해하거나 실험적이지 않고 안정되어 쉽게 공감을 구할 수 있었다. 대상과 화자의 관계가 긴밀하게 유대하고 있어 감동의 파장이 돋보인다. '그 나라를 아시나요?'에는 희열과 축복이 가득하다.

3. '보랏빛 제비꽃'의 시원(詩園)

아래는 최성자 시인의 시 '보랏빛 제비꽃' 전문이다. 최 시인의 유니크(Unique)한 시원(詩園)을 거닐어 보자.

겨울이 지나고
새봄이 왔다
탱자나무 울타리 아래
보랏빛 고운
제비꽃이 피었다

보면 볼수록
우아하고
겸허한 자태로
상냥한 향기를 뿜으며
다소곳이 앉아있다
귀여움을 독차지 하려고
제일 먼저 피었나 보다

작약이나
장미처럼
눈에 띠지 않아도
작고 우아하게
눈길을 끌어

귀여움을 독차지하기에

충분한

보랏빛 제비꽃

수줍은 새색시를 닮은

보랏빛 제비꽃

— 최성자 시인의 시 '보랏빛 제비꽃' 전문

4. 휴머니즘 진솔한 산문집 『아름다운 인연』 미학(美學)

아래는 평이한 휴머니즘 진솔한 최성자 작가의 산문집 『아름
다운 인연』 미학(美學) 중에 '저출산 위기'라는 작품이다. 살펴
보자.

저출산 위기

평생 한길을 걸어왔다. 다름 아닌 유치원과 어린이집을 운영, 교
육을 병행하며 원장으로 지금까지 살아오면서 나름대로 저출산 위
기가 올 것이라는 느낌은 이미 10여 년 전부터 생각한 일이었다.

정부에서 어린이들이 감소하면 학교에 학생 수가 줄어드는 것에 대한 대책이라고 내놓은 것이 고작 유보통합을 말하는 것에 다른 근본적인 대책이 없었다. 빈 교실이 남아돈다 하여 학교에다 보육시설로 쓰겠다는 생각은 위험한 계산이다. 차라리 병설유치원을 많이 신설한다면 맞는 말이다. 보육 즉 어린이집은 안될 것은 없으나 말 그대로 보육이다. 환경이 유치원과 다르다는 것이다.

0세부터 4세까지는 시설 자체가 다른 것이다. 넓은 운동장 공간이 필요치 않고 아늑하고 애기들에 맞는 가정적인 환경에서 말 그래도 보육하는 곳이다. 엄마같이 조심스레 먹이고 씻기고 재우며 애기가 왜 칭얼거리는지 알아서, 배고픈지 기저귀 갈아줄 때가 되어 그러는지 빨리 알고 해결해 주는 분이 선생님이기 전에 보모이다. 어머니 역할하는 선생님이다.

그런데 학교시설에 유보통합하여 유치원과 어린이집이 함께 학교시설에서 같이 사용한다는 것은 저속한 말로 장사의 수단만 생각한 것이다. 근본적인 문제를 서둘렀다면 지금 이 시점에 와서야 저출산 문제가 크게 걱정거리로 두각되지 않았을 것이다.

눈앞에 보이는 것만 생각하지 말고 원인을 미리 예방하는 것이 이러한 일을 막는 것이 될 것이다. 10년, 100년을 내다보는 먼 안목이 필요하다. 그래서 교육은 백년지대계라고 한다.

남녀 청년들이 사랑을 하면서도 가정은 왜? 안 가질까? 그런 현실을 알아야 한다. 문제가 무엇일까? 한마디로 말한다면 경제문제가 그 일 번이다. 돈이 있어야 결혼도 하고 돈이 있어야 거처도 마련하고 돈이 문제라면 '직장' 일 할 수 있는 일자리가 든든하게 있다면 왜 결혼을 안하겠는가!

그러한 여건이 마땅이 없거나 시기를 놓치고 말았거나 한 경우라고 생각한다. 그러면 무턱대고 아이 낳으면 1억을 준다 라는 말보다 주택 문제, (직장)일자리 문제, 결혼 문제만 해결된다면 아이 낳아라 하지 않아도 어린이 문제는 자동으로 해결된다고 생각한다. 지금이라도 늦었다고 생각될 때가 기회라는 것을 모르는 사람은 없을 것이다.

전국 243개 지자체가 발 빠르게 나서서 예산을 확보하고 실천한다면 청년들이 돌아오고 살기 좋은 곳, 웃음이 넘치는 곳, 아이들이 행복하게 자라는 곳이 된다고 확신한다.

예시)

· 주택 공급(무주택)

· 합동으로 결혼식(40세 미만)

· 일자리 창출(공금)(기술적 교육)

· 출산할 때마다 장려금 확보

· 고교까지는 무상교육

이것은 해도 되고 안 해도 되는 것이 아니라, 저출산 문제를 해결하려면 반듯이 있어야 한다고 나는 말하고 싶다. 지금 저출산 문제가 가장 시급하다. 앞으로 정치나 사회 문제가 빠르게 대책을 세워야 할 것이다. 돈은 이렇게 쓸 것이다 하면서 국민의 세금으로 인심만 쓰지 말고 지자체에서도 먼저 시도한다면 성공적으로 지역에 발전을 가져올 것이다.

그릇된 지도자는 내일 선거를 의식하지만, 위대한 지도자는 먼 미래를 준비한다는데 저출산 대안의 백년지대계를 준비하는 지도자는 정녕 없을까……?

최 시인은 뜻한바 있어 그리스도 대학 사회복지과 대학원 졸업하고 한국 어린이 선교원 신학교 몬테소리 교수를 역임하였다. 그리고 한국 어린이 선교원과 서울신학기독교육학과를 졸업하고 보육교사 자격(CEM)과 유치원 교사 자격증을 취득하였다. 또한 실버댄스 자격증 취득하고 기독교 성폭력, 가정폭력 상담 및 요양사, 아동미술치료사, 웃음코칭, 나인댄스 분야에서 열정적으로 활동하고 했었다. 그리고 영성교회 선교원 설립하고 새솔어린이집 원장 역임하고 재단법인 원일유치원 설립 후 영재 어린이집, 토담 어린이집을 운영하고 했었다.

위 글 '저출산 위기'는 그의 유아교육자다운 면모를 충분히 느낄 수 있는 문장이다. 이어서 아래는 '우리 어머니'라는 문장이다. 함께 보자.

우리 어머니

천신만고 끝에 3학년 공민학교가 아니고 6학년 국민학교를 졸업하게 되었다. 유년기 시절은 이미 『동백꽃 사랑』 1권에 모두 소개되었기에 언급하지 않지만, 6학년 졸업은 이제부터 배움의 시작이었다. 6학년 모두 마치고 졸업 준비에 필요한 졸업사진도 찍고 졸업식만 하면 되는데 음력 1월 1일 명절 뒷날 동네 아주머니들이 우리집에 모였다.

시골은 씨족사회로 동네마다 한씨, 이씨, 나씨, 최씨들이 모여 산다. 그래서 모두가 집안들이다. 어머님이 말씀하셨다.

"오늘 형님, 동생들 이렇게 오시라고 한 것은 그동안 부족한 저에게 사랑해 주시고 아껴 주신 그 은혜를 잊을 수 없을 겁네다. 저는 우리 성자가 국민학교를 졸업하게 되었습니다. 여기 촌에서는 아이들 셋을 공부시킬 수가 없어서 넓은 세상으로 나가서 이 아이들의 꿈을 키워 주려고 합네다. 그래서 헤어지는 아쉬움에 오늘 모여서 말씀 드리고 떠나고 싶었습니다. 이왕 오셨으니 필요한 것이 있으시면 들고들 가세요."

하고 말씀하셨다. 사람들 뒤에 앉아 계시던 당숙모께서 앞치마에 눈물을 훔치며 말씀하신다.

"여보게나, 자네가 그리 마음먹었다면 그게 옳은 일이지만 많이 섭섭하네 그려. 이 사람아, 잘 가서 꼭 성공하게나!"

그러자 모두가 앞치마에 눈물을 훔치시며 말씀하신다.

"고생 많이 하고 가신다!"

"꼭 성공하시라고……!"

"그리고 몸 건강하게 아이들 잘 키우라!"

그날 밤 어머니는 가지고 떠날 보따리를 대강 쌓아 놓으셨다.

"얘들아. 내일 새벽에 떠나려면 일찍 잠자리에 들어야 하니 이제 그만 자거라."

나는 잠깐 집을 나와 옥년이 친구에게 뛰어갔다. 친구를 불러내어 말했다.

"우리집은 내일 서울로 이사 가는데 그리고 내가 가서 다음에 꼭 데리려 올 거야 그때까지 잘 있어."

"응, 알았어. 꼭 데리려 와야 해."

"알았어."

우리는 끌어안고 한참을 울었다. 이 친구는 나에게는 각별한 친구다. 『동백꽃 사랑』 1권 유년기에 실려 있어서 더 이상 언급하지는 않겠다. 그날 밤 일찍 잠자리에 들었다.

새벽 첫닭이 울고 이어 두 번을 더 울 때 우리 3남매와 어머니는 따뜻한 물 한 모금씩 마시고 어머니는 이불 보따리를 오빠는 양식과 그릇을 지게에 지고 나는 옷보따리를 동생은 책을 그렇게 한 보따리씩 이고 지고 내가 태어나 13년 동안 자란 정든 집을 뒤로하고 우리는 탱자나무 울타리를 벗어나 길을 나섰다.

초생달이 흐리게 비추는 어두컴컴한 새벽길을 어머니 뒤로 줄지어 걷고 또 걸었다. 머리 위에서 짓누르는 보따리는 점점 무거워지고 우리들의 발걸음은 멈출줄 모르고 주산역을 향하여 걷고 또 걸었다.

동녘 하늘이 붉게 물들고 둥근 햇살이 힘차게 솟아 오를 때 30리 길도 모두 끝이 났다. 끝이 없이 멀고 먼 우리들의 지친 발걸음도 목적지인 주산역에 도착했다. 모든 짐보따리를 철길 옆에 내려 놓고 어머니는 우리들의 타고 갈 차표를 사 오셨다. 보따리 옆에 옹기종기 둘러앉아 쉬고 있을 때 뿌웅~웅 칙칙폭폭 완행열차가 기적을 울리면서 들어오고 있었다.

열차가 정거하고 우리들은 서둘러 짐을 싣고 우리 네 식구도 차에 올랐다. 조금 느리게 가는 차를 못 탈 수도 있다고 하셨다. 작은 역에서는 오래 쉬지 않고 바로 출발하기 때문이었다.

정든 고향 땅을 뒤로하고 완행열차는 서울을 향해 기적소리 울리며 달리기 시작했다. 차창 밖으로 빠르게 지나가는 앙상한 풍경들을 바라보니 정든 시골 내 고향이 눈에 선하다. 친구가 생각난다. 학교 가기 전 우리는 물동이로 물을 길어 물항아리에 채우고 학교 가던 그 친구가 생각이 난다.

"잘 있어. 꼭 데리려 올게 친구야. 기다려."

생각하니 눈물이 났다. 열차는 잘도 달려간다. 몇 시간이 지나갔을까. 차내에서 판매원이 지나간다.

"천안 명물 호도과자가 왔어요. 삶은 계란이나 날계란이 왔어요."

어머니는 지나가는 판매원을 부르신다.

"이 보라요. 삶은 계란하고 호도과자 그리고 물 한 병 주시라요."

그렇게 먹거리를 사셨다. 새벽부터 밥도 못 먹고 짐보따리 이고 지고 오느라고 고생 많았다.

"배고프겠구나? 물 한 모금 마시고 어서들 먹어라."

삶은 계란을 벗겨주셨다. 그리고 호도과자도 먹었다. 배고프다
가 음식을 먹고 나니 몸이 나른해지고 잠이 왔다.

"이제 절반 왔다. 왜 잠이 안 오겠니. 조금씩 자거라. 도착하면
깨워주마."

우리들은 배도 부르고 아직도 온만큼 더 가야 한다니 어머니가
깨울 때까지 우리들은 자기로 했다. 어머니께서 혼자말로 하시는
말씀을 들었다.

'어린 것들이 시국을 잘못 만나 고생이 많구나? 불쌍한 내 새끼
들 쯧쯧쯧……!'

하시며 흘쩍이셨다. 얼마나 되었을까. 완행열차는 기적을 울리
며 마침내 서울역에 도착했다.

"애들아. 다왔다. 어서 일어나거라. 눈 뜨고 내릴 준비하자."

"예. 알았시유. 엄니……!"

드디어 서울역에 도착하니 우리 짐뿐만 아니라 시골에서 오는 모든 분들도 보따리가 보통 둘 셋은 기본이었다. 그리고 지게로 배달하는 지게꾼들도 많았다. 우리도 각자의 보따리를 이고 지고 서울역에서 남대문을 지나 북창동을 향해 서울의 첫걸음을 내딛었다.

우리는 어머님을 중심으로 이곳에서 우리들의 푸른 꿈을 이룰 것이다. 어머니의 희생이 헛되지 않토록 새 환경에 잘 적응하고 인내하며 끝까지 도전하고 포기하는 일은 없을 것이다.

"꿈이 이루어 질 때까지, 어머니 고맙습니다. 그리고 사랑합니다."

위 산문 '우리 어머니'라는 글에서는 그가 어려서 시골에서 서울로 상경하며 고생한 적나라한 희노애락이 담겨있다. 남다른 모성애 외 애틋한 휴머니즘(Humanism)의 페이소스(Pathos)가 깔려 있다.

다음 산문은 '마음이 겸손하면 영예를 얻으리라'라는 제하의 문장이다. 살펴보자.

마음이 겸손하면 영예를 얻으리라

가만히 생각해 보았다.

샛별 같은 비영리 국가봉사 사회공헌 자립형 문화나눔 민간단체 한국문화해외교류협회 한국어 문학박사 님을 내가 만나다니! 언감 생심 하늘같이 높으신 한국어의 권위자 대한민국 문화체육관광부 국립국어원 소속 문장감수를 맡아오며 중부대학교 교양학부에서 문학이론을 지도하시는 문학박사 김우영 교수님을 만났다.

꿈만 같은 일이다. 어쩌다가 작가라는 이름으로 인생 2막을 살고 있다. 어릴 때부터 일기를 써 왔고 한평생 공부하고 배우는 것을 좋아했다. 어린이들과 평생을 같이 살아오다 보니 말이나 억양이나 행동이 어른스럽지 못하고 유아틱하다고 친구들은 종종 말했다.

이제 글을 쓰다보면 벽에 부딪칠 때가 종종 있다. 그때마다 답답하고 캄캄하여 어디에서 답을 찾아야 할지 막연해진다. 글을 쓰는 방법이나 문장의 시작과 끝은 어떻게 시작하고 전개되어 끝매듭을 매끄럽게 마쳐야 좋은 글이 맛갈있는 글로 탄생될까? 아무리 생각해도 모르겠다.

그렇다고 소설책이나 시집 같은 책을 읽어본 적도 없고 고작 성경에서 읽어본 것은 시편, 잠언, 아가서들이다. 성서에 기록된 글들은 비유적으로 기록되어 있어서 이해하는데는 어려움이 많다.

우리집의 책들은 보통학교에서 배울 때 쓰던 교화서들만 있다. 시작할 때는 재미로 늙고 병들고 치매까지 들까봐 시작했는데 힘든다고 포기한다면 시작을 말았어야지. 그렇다고 해결책도 없고 난감한 지경에 이르렀을 때 그만 두어야 하나 이러지도 저러지도 못하고 아주 절실할 때 우연히 한국문화해외교류협회 한국어 문학 박사 님을 만났다.

그리고 한국문화해외교류협회 회원으로 정정당당하게 박사님의 지도하에 훌륭하신 문학도들과 아름다운 한글을 공감하고 공유하며 좋은 댓글로 지성인들의 전당에서 나는 한글의 첫걸음을 띠며 열심히 배우고 있다.

돈으로도 살 수 없는 가장 고귀한 배움을 얼마나 원하고 갈망했던가! 이제야 제대로 된 한글의 배움은 나의 생명이 다하는 날까지 배워 가리라. 교수 박사님들께서 올려주시는 글을 읽고 쓰면서 느리지만 열심히 공부하며 나의 지식을 쌓아 나갈 것이다.

어떤 교수님께서 올리신 글 중에는 한자가 많이 섞여 있어서 한자까지 읽고 쓰노라면 일거양득에 공부가 된다. 최 교수님께서 올려주신 글도 읽고 쓰다 보니 한 번도 뵌 적은 없지만 점점 친숙해져 간다.

다른 교수님들이 올리신 글도 열심히 읽고 쓰면서 마음의 양식을 쌓아가는 매우 유익한 시간이 되고 있다. 이제는 나 혼자가 아니다. 든든한 박사님과 회원 교수님들이 계셔서 너무 행복하다.

김우영 박사님은 한국문화 한글사랑에 푹 빠져서 오늘은 한국에서 내일은 여러 나라로 한글사랑을 전하기 위해 하늘길을 날아간다. 아프리카, 탄자니아, 중앙아시아, 우즈베키스탄에 몇 년씩 체류하며 해외 유학생들에게 세종대왕께서 창제한 한글 한국어를 지도하며 K-한국어를 국위선양한다.

지난해 귀국하여 대전 중부대학교 교양학부에 복직하시고 3개 반 99명 외국인 유학생들에게 매주 한국어를 지도하시며 본 협회를 이끌어 가시고 계신다.

　주께서 나에게 마지막 축복으로 말로는 다할 수 없는 보석보다도 더 귀한 축복을 주심에 감사드리며 "시:29"절을 인용하고 싶다. "사람이 교만하면 낮아지게 되겠고 마음이 겸손하면 영예를 얻으리라."

　훌륭하신 교수님을 만나서 한글의 오묘하고 아름다운 우리글을 배우게 하시며 많은 교수 박사님들의 가르침으로 내가 쓰고 있는 수필과 시가 더욱 더 아름답게 꽃피울 수 있도록 더욱 겸손하며 남은 높이고 나는 낮은 자리에서 묵묵히 배우며 따라갈 것이다.

　한국문화 한글을 사랑하시는 박사님께서는 오늘도 한글사랑 기타에 실어 둘러메고 민간 외교사절단 중앙아시아 3개국 우즈베키스탄, 키르키스스탄, 카자흐스탄을 방문하기 위하여 서울경인지회 한태진 교수님을 비롯하여 방문단 14명을 모시고 지난 2025년 6월 30일 인천국제공항을 출발하셨다.

그리고 3개국을 모든 일정을 마치고 7월 9일 수요일 10일간 모든 일정이 끝나고 귀국하셨다.

위 산문 '마음이 겸손하면 영예를 얻으리라'에서 비영리 국가봉사 사회공헌 자립형 문화나눔 민간단체 한국문화해외교류협회를 통하여 문학수업을 하는 겸손한 자세를 보인다.

세계 4대 성인 중에 한 분이며 명저 『논어』의 저자 기원전 551년 노(魯)나라에서 태어난 공자(孔子)는 배움에 대하여 다음과 같이 말했다.

"배우고 때맞춰 익히면 또한 즐겁지 아니한가(子曰: 學而時習之, 不亦說乎). 동양 최고의 인생교과서인 『논어』는 첫장을 배움의 기쁨으로 시작한다. 『논어』는 공자와 제자들의 대화를 기록해놓은 책이다. 공자의 매력이 '공부하는 인간'이라는 데 있다고 생각한다. 많이 아는 사람이 아니라 많이 알려고 평생 끊임없이 노력하는 사람이다. 흙숟가락으로 태어난 15살에 학문에 뜻을 둬 70세에 마침내 '마음대로 하고 싶은 것을 행해도 규율에 벗어나지 않았다'고 돌이켜보는 공자를 보면서 최성자 시인의 '마음이 겸손하면 영예를 얻으리라' 산문은 참 좋은 문장이다.

5. 설탕처럼 달콤하지 않아도 맛있는 무미(無味) 생수 지순의 맛

시는 자연과 인생에서 체험한 생각과 느낌을 상상을 통해 율문적인 언어로 압축 형상화하는 창작문학의 양식이다. 예술성과 음악성, 압축성, 주관성, 서정성을 내면에 깔고 의미적 요소로 정서와 감각요소를 표현하는 것이다. 특히 겉으로 드러나지 않고 시의 행간에 흐르는 율조와 자유시, 기승전결의 형태를 표방한 외재율(外在律)이 농후하다.

삶과 자연 전량사를 도입 분화구도를 만드는 솜씨가 노련하다. 그만큼 인생의 구력(舊曆)이 농후하고 원숙한 생활에서 우러나오는 고아한 생활이 돋보인다. 조화의 미를 잃지 않는 문학정신, 한가한 심경에 따라 마음의 여유가 있다. 솔직한 독백을 통하여 표현한 시의 영토가 독특한 개성을 지니고 있다.

설탕만큼 달콤하지는 않지만 언제 먹어도 맛있는 본래 무미

(無味)의 생수 같은 지순의 맛. 그것이 바로 한국문화해외교류
협회 서울경인지회 부천지부 시인 최성자 지부장의 멋이고 맛
이다.

□ 나가는 노래

내 나이가 어때서
— 최성자 노래

야 야 야 내 나이가 어때서
사랑에 나이가 있나요

마음은 하나요 느낌도 하나요 오오
그대만이 정말 내 사랑인데

눈물이 나네요 내 나이가 어때서
사랑하기 딱 좋은 나인데

어느 날 우연히 거울 속에 비춰진
내 모습을 바라보면서

세월아 비켜라 내 나이가 어때서
사랑하기 딱 좋은 나인데

최성자 산문과 시

아름다운 인연

1쇄 발행일 | 2025년 09월 20일

지은이 | 최성자
펴낸이 | 정화숙
펴낸곳 | 개미
문장 감수 | 문화체육관광부 국립국어원 문학박사 김우영 교수

출판등록 | 제313 - 2001 - 61호 1992. 2. 18
주소 | (04175) 서울시 마포구 마포대로 12, B-103호(마포동, 한신빌딩)
전화 | (02)704 - 2546
팩스 | (02)714 - 2365
E-mail | lily12140@hanmail.net

ⓒ 최성자, 2025
ISBN 979 - 11 - 993786 - 1 - 2 03810

값 16,000원